自立的女性最幸福

魏永艳 编著

中国商业出版社

图书在版编目(CIP)数据

自立的女性最幸福/魏永艳编著. —北京：中国商业出版社，2012.7(2019.10 重印)

ISBN 978-7-5044-7783-5

Ⅰ.①自… Ⅱ.①魏… Ⅲ.①女性—幸福—通俗读物 Ⅳ.①B82-49

中国版本图书馆 CIP 数据核字(2012)第 140883 号

责任编辑　张振学

中国商业出版社出版发行
010-63180647　www.c-cbook.com
(100053　北京广安门内报国寺 1 号)
新华书店总经销
三河市宏顺兴印刷有限公司

* * * *

850×1168 毫米　32 开　6 印张　113 千字
2012 年 10 月第 1 版　2019 年 10 月第 2 次印刷
定价:35.00 元

* * * *

(如有印装质量问题可更换)

序 言

易卜生先生曾经说过:"世界上最坚强的人就是独立的人。"是的,因为自立的人才会有所作为,自立的国家才会不受欺负,才会实现繁荣富强。陶行知先生也说过:"滴自己的汗,吃自己的饭,靠人,靠天,靠祖上,不算好汉。"这些无疑说明了人要学会自立、更要懂得自立的道理。

女人更应该学会自立,女人要把命运掌握在自己手里,但这说得容易做得难。在这个现实的社会中,人们为了金钱、车子、房子已经变得庸俗不堪。作为一个白手起家的男人尚且会活得很累,更何况是力量相对弱小的女人呢?

然而,也有一些女性朋友这样认为:"我何必活得这么累呀,适当的时候找个男人嫁了就成了,怎么过不是一辈子呀?只要未来老公有出息我的生活就不会太差。"

如果一个女人完全依赖于一个男人,那么她就成为男人的附庸,那只会让她的生活雪上加霜,根本就无幸福可言。

女人一定要自立,不管是你的男友、亲人,还是朋友,都不希望与连生活都不能自立的人长期相处。不要说现在这个社会过于现实,这是因为社会在进步,如果你一直停滞不前的话,相信这个世界没有人会可怜你的。女人自立可以从这些方面做起:

情感独立。女人的情感独立，并不是要无所谓，也不是逃避，更不是漠不关心，而是对情感自始至终保持一种从容的态度，不卑不亢，不管是对人、对己，对生活、对感情，是无论面对情感各种巨变，都会冷静、从容、镇静、张弛有度地去处理。

经济独立。经济是家庭和社会的基础。一个人经济上不能独立，就难以彻底的独立和解放。尤其作为一个女人，经济的独立是在社会中的价值体现，是参与社会活动的机会多少的表现。

思想独立。一个人没有独立的思想，就等于没有灵魂。一个有主见，有思想的女人才能得到重视和别人的爱。女人不能单纯以男人的思想为是非标准，想问题时不能总是局限于婚姻家庭的一小片天地里。知识的来源必须是广泛的，不能一味的夫唱妇随式思考问题，应当有独立的思想。

人格独立。一个人活着，就不能泯灭个性。如果老是按习惯、传统的思想方式和道德来约束自己的思想和行动，千人一面，就缺乏创造性、自主性。一切模仿别人或听别人指使，走别人走过的路，按照别人的评价方式来评价人和事，亦步亦趋，人云亦云就只能无所作为，生活就没有快乐。我们应当冲破固有的思维方式的束缚，具有鲜明的个性和创造性。

成功女人，或许同时面对情感上的创伤。即使如此，她们仍然会善于把挫折转化为事业成功的动力，至少，不会一蹶不振。她们知道幽默，知道自我开解，知道原谅，知道轻松。因为，她们把快乐放在自己手心，不系在别人的言行上。

女人们，要学会做一个自立的女性，这样的女性闪耀着独特的迷人魅力。

本书取材于现实生活,运用了大量生动有趣的事例并对事例进行深入浅出的分析。希望读过本书之后,能够启迪你的智慧,鼓舞你奋发向上,帮助你积极进取,教你如何做一个自立、幸福的女人。

一、善于驾驭自我命运的女人最幸福

女人要知道你的命运应该掌握在自己手中，你不需要依赖任何人，要自己主宰自己的命运。没有一个女人不希望自己的一生过得很幸福。但是很多女人总是把希望寄托在男人身上，这些女人们怀着侥幸的心理，其实这种心理就等同于是在赌博。但是十赌九输，输点钱倒也无所谓，但若是把幸福当做赌注，那也太冒险了。

依靠但不依赖 / 002

自立坚强的女性最有魅力 / 005

做一个有主见的女人 / 007

女人要主宰自己的命运 / 010

不依赖别人，幸福掌控在自己手中 / 014

二、情感的自立，让女性的人生没有羁绊

不同的女人面对感情和男人，处理的方式是不一样的，自然产生的结果也是不同的。同样面对一个自己心爱的男人，有

的女人奋不顾身,把全部的感情都投入进去,并一再的让步,因此在很短的时间内就让男人产生乏味感,降低对其的兴趣和尊重。而真正聪明的女人则懂得在感情上要独立,这样的女人对感情收放自如,所以她们的生活是幸福的。

  女人要情感独立 / 018
  不要成为爱情的奴隶 / 020
  做一个有活力的女人 / 022
  女人要有一颗不安现状的心 / 026
  自己的感情自己做主 / 029
  对生活中的逆境,做到乐观处之 / 032

三、经济的自立,女人享受工作的快乐

女人一定要在经济上独立。未婚女人在经济上一定要独立,如果你不能做到的话,也许你的男友开始能够忍受,长此以往,再有耐性的男人也未必能谅解你。他会认为你会这么一直依靠于他,不会轻易离开他,他对你的态度就会大不如以前。而已婚女人更要在经济上独立,这样才能使你在家庭中有一定的地位。

  女人要有自己的事业 / 038
  左手家庭,右手事业 / 042
  做一个会赚钱的女人 / 046
  做个经济独立的女人 / 049
  女人的事业自己争取 / 053

女人依赖男人要适度 / 056

四、生活的自立,要热爱你所选择的生活

在生活中,女人们要学会自立。也许女人们习惯于依赖他人,其实依赖本身并没有什么可怕之处,但其结果是极为严重的,甚至需要付出一生的代价。特别是在婚姻生活中,很多女性在结婚后觉得老公是自己一生的依靠,所以就理所当然地放弃了工作,全心全意地做起全职太太。然而,时间一久女人和老公自然难免出现矛盾。

用自己的劳动创造幸福 / 062
一分耕耘一分收获 / 066
女人不做他人的附属品 / 070
培养自己的微笑 / 074
女人要为自己而活 / 078
热爱勤奋,收获良多 / 082

五、独立思考,让女性领略人生别样风光

思想独立对于一个女人特别重要,一个女人,如果思想不能独立,这说明你的行为也不能独立。人常说,有思想的人才能活得精彩,这句话说的很好。假如一个女人的思想不能独立,就会被男人认为你没有主见,没有思想,事事都要依靠于别人,偶尔几次也许他会接受,但时间久了,相信没有一个男人可以忍受。

告别依赖，走向自立 / 086
爱自己的女人才会获得爱 / 089
女人能够依靠的只有自己 / 093
独立也要适度 / 097

六、独立抉择，睿智提升女性的人格魅力

这个世界上有很多东西需要我们独立抉择，如果你总是依赖于他人的话就会丧失自己的判断力。一个女人要学会独立，如果学不会独立抉择，独立应对生活的挑战，在生活中只是"靠、等、要"，那就绝不可能获得任何成功，因为成功的前提就是要"独立"，只有独立的女人才能在社会上找到自己的立足之地。

在学习中提升自我 / 102
需要的时候学会拒绝 / 106
爱读书的女人魅力无限 / 110
选择付出，才有回报 / 114
选择快乐，幸福一生 / 117
把亏吃在明处，才会收获更多 / 120

七、独立承担，风雨过后的彩虹总是别样的美丽

作家周国平说，每个人在世上都只有活一次的机会，没有任何人能够代替你重新活一次。如果这唯一的人生虚度了，没有任何人能够真正安慰你。认识到这一点，我们对自己的人生怎么能不产生强烈的责任心呢？女人要独立承担起自己应该负

的责任，自己的责任就要自己扛起，一丝一毫都不依赖别人。

做一个自信的女人 / 126
承担起教育孩子的责任 / 130
给孩子树立好榜样 / 134
承担对工作的责任 / 138
学会自立，学会坚强 / 143
女人要为自己负责 / 148

八、自立的女性不会迷失人生的方向

　　自立的女人勇敢坚强，她们不畏困难，在困境与挑战面前她们总是能保持清醒的头脑。自立的女人目标明确，伟大的志向离不开极强的目标感，所以自立的女人在做事之前先确定人生的方向。自立的女人更明白定位是人生关键的一步，只有定好位，人生才不会迷失。总之，自立的女人最聪明，她们不会让自己迷失人生的方向。

自强照亮人生，自立改变命运 / 154
有志者，事竟成 / 158
伟大志向离不开极强的目标感 / 163
自立的女人要先确定人生的方向 / 167
定好位，才不会迷失 / 171
女人要有自己的人生目标 / 175

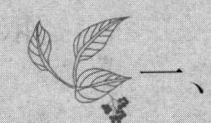

一、善于驾驭自我命运的女人最幸福

女人要知道你的命运应该掌握在自己手中，你不需要依赖任何人，要自己主宰自己的命运。没有一个女人不希望自己的一生过得很幸福。但是很多女人总是把希望寄托在男人身上，这些女人们怀着侥幸的心理，其实这种心理就等同于是在赌博。但是十赌九输，输点钱倒也无所谓，但若是把幸福当做赌注，那也太冒险了。

依靠但不依赖

今天女性经常会患上各种类型的依赖症,这与女性自身的气质有关。女性从小接受社会对于女性的定位,包括:依赖性、接受性、羞耻意识、服从性、注意细小的事情以及对人的关心。

作为现代女性,如果依赖性太强,则意味着太软弱,不自主,会影响自己在职场的发展,这恐怕是令许多职业女性困扰的事。那么,你的依赖性怎样呢?

一般来讲,依赖性较强的女性更容易对某人或某事投入很深的感情。做任何事情都需要获得自我认同和自我肯定。一旦不能达到这种自我认同和自我肯定,女性就会感受到强烈的挫败感和失落感。她们需要通过对某一种事物的依赖来肯定自己,从而获得安全感或者精神上的愉悦。

特别是在结婚后,对于女人来说,与自己同眠共枕的这个男人已经成为了她生命中的拐杖,她再也离不开那山一般坚强的脊梁。事无巨细,皆要请示,大到是否再外出寻找人生价值,小到面对一只老鼠或者蟑螂,她都会犹豫不决或花容失色。

渐渐的,女人就失去了独立,成了男人这棵大树身上的藤蔓。这样的女人无法想象如果没有了这棵大树,她的生命将如何继续下去。

阳阳就是这样一个女人,她大学的时候爱上了比自己大三岁的班长强子,毕业后嫁给了他。她非常爱他,对他百依百顺。他说什么,她都随声附和。

结婚后,她为了迎合他的兴趣,强迫自己去看自己一点也不喜欢的足球,对丈夫唯唯诺诺,凡事看他脸色行事。让她万万没有料到的是,他们结婚刚一年时间,强子就有了外遇。她不明白自己错在哪里,她是那么地爱他,对他那么好,为什么他还要去喜欢别的女人呢?

事实也正是因为她太爱他了,爱到失去了自己,爱到成了他身上的藤蔓,才遭到了丈夫的遗弃。哪个男人喜欢和自己的影子过日子呢?男人都是需要对手的,没有对手,没有刺激,他就会感到乏味无聊。你对他唯唯诺诺,他也会觉得你就像应声虫一样,丝毫没有魅力。

依赖心过强的女人,缺乏的就是这种自我意识,事事不独立,装柔弱。女人应该明白,她首先属于自己,然后她的爱才有意义。女人还应该明白,"男人只是自己的一根拐杖",恰如拥有拐杖的意义在于更好地走路一样,男人也不过是"人"字中的一个部分,另一部分还需要女人自己去书写。所以,拐杖之于女人,男人之于女人,只是为了更好地走行走。

拥有了拐杖,并不代表你就可以高枕无忧了,你要知道这根拐杖不是你的全部,你要借助拐杖的力量,但是不可以过度依赖它。

一个全职太太在家很独立,她曾经是一名演员,丈夫是美籍华人。她结婚后彻底与演艺圈告别,在家成了全职太太,带三个孩子。可她完全没有藤蔓的架势,即使在家也有一份属于自己的精神空间。

她事情很多,早上跑步,送孩子去上学后她去学柔道,下午回家做家务,然后出门,会到咖啡馆看会儿书和报纸,再回家做饭,晚上还要写写东西,看看碟。

她说:"我忙得很,家里什么都是我做主,先生什么都不干涉,钱他也不过问,都由我安排,我们很平等。"

虽然结婚十多年，但他们仍然互相尊重，相互夸奖。在她丈夫身上，也完全看不到养家男人趾高气扬的样子。

独立的女人是不过分依赖男人的，也是值得男人尊重的，很多人都把物质依赖和精神依赖混淆了，有时候物质依赖还是次要的，女人最重要的应该是精神独立。女人拥有自己的空间，自己的生活方式，她是独立的个体，而不是附属品。不需要早请示晚汇报，她也很自信，精神世界也很丰盈。

女人不一定非要用钱来证明自己独立，是夫妻，是一家人，谁去赚钱都一样的，然后摆正自己的位置，其实只是分工不同而已。独立可以有多种形式来证明，但是，作为女人一定要学会独立。那么，怎么做一个独立的女人呢？

1. 精神独立最重要

对女人来说，精神独立最重要，因为男人活动在物质中，女人却活在精神里。女人的精神世界是在无比神秘和无比丰富的内心里，女人精神独立是对自己的确认，当女人的精神世界被别人支配时，这个女人就十分悲哀。女人可以在自己的精神世界里建立起一个美好的王国。

2. 重新审视自己

独立的女人要从知识结构和生理结构方面重新考虑自己的社会定位。无论女人将会作出什么样的选择，首先应该自信，不是自大，自信是相信自己，也只有相信自己才会得到幸福。女人的力量犹如"百炼钢成绕指柔"。

3. 不做男人的附属品

女人不应该是某个男人的附属品，女人应该懂得通过交友、读书、娱乐，不断充实自己的内心。所以，即使没有爱情的滋润，仍然活得自在而潇洒。女人不应该为不爱自己的男人流泪，更不应该为他的承诺而用一生去守候。无论何时、无论何地女人都要相信自己，不依赖男人也能活得很好。

4. 懂得平衡感情的天平

成功女人，或许同时面对情感上的创伤。即使如此，她们仍然会善于把挫折转化为事业成功的动力，至少，不会一蹶不振。她们知道幽默，知道自我开解，知道原谅，知道轻松。因为，她们把快乐放在自己手心，不系在别人的言行上。

5. 有一颗坚强的心

女人在柔情似水的外表下，往往跳动着一颗坚强的心。女人精神的动摇是一种不独立的表现，所以女人一定要学会在精神上独立，学会按照自己的想法来做，更要有自己的主风。就是在某些小事上也应该这样。

6. 遇事冷静，临危不乱

遇到危机不能吓得脸色苍白，不知所措甚至痛哭流涕，往男人的怀里钻，用眼泪作为捍卫自己的武器。女人应该是独立的，有头脑的，有能力的，应该可以用智慧、用个性魅力征服危难。更难得的是，她也应该懂得在什么时候安慰男人，并且把男人的自尊照顾得很好，赢得他真心的喜爱。

相对男性来说，女性是娇小、脆弱的。当遇到一些困难时，我们可以依靠一下男人坚实的臂膀，但这并不是说，我们可以完全依赖男人。作为女人，要学会独立，只有独立的女人才能获得真正的快乐与幸福。

自立坚强的女性最有魅力

作为一个新时代的女性应该有完整独立的人格。独立是一种很高的境界，它需要高素质的心态和全新的价值观。女人需要在自己的精神、感情、经济、思想、人格各方面达到独立状态，这样的女人才是美丽的女人，才是有持久魅力的女人。

撒切尔夫人是20世纪享誉全球的成功女性之一。这位素有"铁娘子"之称的女人，在历史的舞台尽展风采，让世界见识了成功女人的另一种人生。

撒切尔夫人生于林肯郡格兰瑟姆。她在上学期间化学成绩极为出色，曾赢得牛津大学萨默维尔学院奖学金。大学期间她积极投身学生政治活动，任大学保守党协会主席。1951年与丹尼·撒切尔结婚，并开始攻读法律，1953年林肯律师协会批准她为律师。

撒切尔夫人于1959年当选为保守党下院议员。1961年任年金和国民保险部政务次官。1964年任下院保守党前座发言人。1970年任教育和科学大臣。1975年2月当选为保守党领袖。1979年保守党大选获胜，撒切尔夫人出任首相，成为英国历史上第一位女首相。1983年6月和1987年6月连任首相。1990年11月辞去首相职务。1992年6月被封为终身贵族。1993年5月任威廉玛丽学院第21任名誉院长。

撒切尔夫人精于理财，上任后采取紧缩银根、遏制通货膨胀的措施，在公共事业方面削减大量开支，提高信贷利率。她在苏联侵略阿富汗问题上持强硬态度，赢得了"铁腕夫人"的称号。1982年在与阿根廷就福克兰群岛发生争端的问题上，她同样采取了不妥协政策，作出派遣特混舰队攻占福克兰岛的决定，从而闯过她政治生涯中的紧要关头。她在1983年的大选中再次获胜，再度出任英国首相。在中英有关香港回归的谈判中，尽管她言辞激烈，但仍顺应历史发展的潮流与中国政府发表了有关香港问题的联合声明，通过谈判解决香港问题。

撒切尔夫人不仅在个人人生和家庭生活中表现出女性特有

的魅力，在英国和国际上的风云变幻中也是左右逢源、游刃有余。她对人生、家庭、社会、国家和国际问题都有着自己独特的看法。

撒切尔夫人作为"铁娘子"早已闻名于世。她不仅自强自立，而且还有作为家庭主妇的精干细腻和作为女性的温柔美德。

撒切尔夫人在政治上属于英国保守党的右翼。从这一立场出发，她对各种问题自然有自己的看法，并且直言不讳。

19世纪与20世纪之交，大英帝国开始走向衰落，在第二次世界大战中遭到严重削弱，其国力落在了后起的资本主义国家之后。1974年撒切尔夫人步入政坛时，"英国病"这一沉疴正在日益严重地缠绕着英国。她抱着振兴英国的决心走进了唐宁街10号，并为英国开出了以提倡自由竞争、减少政府干预、控制货币发行量，以及回归家庭美德为特征的"撒切尔主义"处方。撒切尔夫人任英国首相长达11年之久。不仅在英国而且在世界政治舞台都发挥了一定的影响，也使得她成为了一名屹立在世界政坛上的杰出女性。

保持自己独特的看法让撒切尔夫人获得了巨大的成功。身为一个女性，撒切尔夫人是一个独立的人，她的独立闪耀着迷人的色彩。

做一个有主见的女人

心理学家分析，女人们都是感性动物，她们对待友情、事业、婚姻同样是这样，实际上这就是阻碍女人发展的最大弱点。就感情而言，许多女人从一开始就把自己摆到一个乞求感情乞求幸福的位置上，男人喜欢怎样就怎样，基本上都是顺着他，哄他开心，往往悲剧的根源就这样产生了：一个失掉了自我，寄附在别人身上的人，别人又怎么会看重？

在生活中一个有主见的女人懂得怎样取悦别人，但是绝不会讨好男人。男人喜欢女人的温柔和贤惠，但更喜欢女人的有主见。大部分男人都欣赏和喜欢那些有见地和胸怀的女人，现今社会，女人跟男人一样在外打拼，和男人一起工作和学习，男人改变了对女人的陈旧看法。

主见就是一种积极的人生态度，是独立自信的人格，宽容豁达的胸怀，是坚忍不拔的品质，是追求事业的执着，对家人的关爱，对自己充满信心。

无论是家庭主妇，还是普通平凡的职业女性，抑或是职场里高薪高职又仪态大方的优秀女人，在对自己进行客观地分析后会发现，原来自己还有相当大的潜能可以挖掘。深藏多年的梦想能够驱使她们自信而大胆地向前走，她们将为自我创造快乐和自由。

当你打算去做一番惊天动地的事业时，你经常会遇到强大的阻力，包括来自家庭内部的和工作中的，到处都有人给你泼冷水，提出质疑和批评，打击你的积极性，在你前进的道路上每一步都充满着挑战。要想克服这一点，你就需要某种程度的骄傲和自负，相信自己是正确的。

聪明的女人有着自己独特的个性、志趣爱好、知识结构和生活阅历，与众不同的思维特征、情绪特点、意志特点和对现实的态度。认识和把握自己最重要的是正确审视自己，而不是看他人怎样说。每个人都应该看到自己独特的天赋、性格和潜能，一个人如果不能尊重自我，接纳自我，认识到自我的独特优势,就一定会迷失自我。

做事的时候,一定要善于听从他人的意见,所谓当局者迷,旁观者清,有些事情,旁人会比你看得更清楚。但听从意见不能盲目,对于朋友们的意见,你应该具备一定的分辨和思考能力,他们的意见只能作为你进行判断的一个参考意见,而不是决定性意见。

帆帆很幸运,一毕业就分到了一家国企,她奉行不耻下问的原则,处处小心翼翼,基本上每件事情都要咨询周围同事的意见,逐渐地,她发现原来喜欢解答她问题的同事,都在刻意地回避她,有的甚至一推了之。

帆帆很费解为什么会出现这种情况,后来和母亲聊及此事,母亲帮她解开了谜团:"是因为你太没有主见了,你每件事情都不能自己作决定,久而久之,同事们会觉得你没有能力去完成你的工作。试想每个人都有自己的工作,谁有那么多的时间帮你解答你的问题,何况,很多决定依靠你自己的判断,你应该尝试着自己独立完成自己的工作,哪怕出现差错,也可以在错误中总结经验教训。"帆帆明白后,努力地改变自己依赖别人的坏毛病,独立完成了领导交办的很多工作,工作能力得到了提高。因为她一丝不苟的工作精神,年终被评为了公司的优秀员工。

没有主见的女人,办事就会没有原则,就会一味地迁就、顺从别人。没有立场的女人,就很容易被他人诱惑或利用。迎合别人,表面看来是和善之举,但实际上则是软弱的表现。时时看着别人的脸色行事,怎么能走自己的路呢?每个人都是独一无二的,即便有时候你需要去迎合别人以赢得别人的信任和喜欢,但是在你的心底,还是要坚持自己的原则,不要人云亦云,以致被他人的言行左右自己的思想。

女人有主见才能快乐起来。聪明的女人应该学会不盲目地听信别人的言论，不被他人的言论所左右，自己的人生自己做主，凡事不随大流，碰到挫折勇于面对，敢于逆水行舟，不惧怕别人的嘲讽，坚持己见，毅然决然地走自己的路。

女人有主见了，就不会不经大脑就人云亦云，就不会无事生非，就不会讥讽、诽谤他人。

女人有主见才能抓住幸福。有主见的女人善于全面正确地认识客观事物，通过自己的思考分析，结合自身的条件，制定符合实际的理想和奋斗目标，并且不断修正理想和目标，使自己的人生之路永远长青。

一个有主见的女人，知道给自己一个空间，有追求，自信并永远努力进取，周身散发着超然幽雅的气质，有水般的温柔，面对激烈紧张的场面，可以以柔克刚，将剑拔弩张的争斗消弭于无形。有主见的女人能善待别人，宽容别人，从而赢得真挚的友情和关爱；女人有主见不盲目地听信别人的言论，碰到挫折勇于面对，敢于逆水行舟，不惧怕别人的嘲讽，坚持个人的主见，毅然决然地走自己的路。做一个有主见的女人必然是一个幸福的女人。

女人要主宰自己的命运

我们应该做命运的主人，而不应由命运来摆布自己。西方哲学家蓝姆·达斯讲过一个真实的故事。一个因病而仅剩下数周生命的妇人，一直将所有的精力都用来思考和谈论死亡有多恐怖。

以安慰垂死之人著称的蓝姆·达斯当时便直截了当地对她说:"你是不是可以不要花那么多时间去想死,而把这些时间用来想活呢?"

他刚对那妇人说的时候,那妇人觉得非常不快。但当她看出蓝姆·达斯眼中的真诚时,便慢慢地领悟到他话中的诚意。

"说得对!"她说,"我一直忙着想死,完全忘了该怎么活了。"

一个星期之后,那妇人过世了。她在死前充满感激地对蓝姆·达斯说:"过去一个星期,我活得要比前一阵子丰富多了。"

主宰自己不是口号式的宣言,而是情商强化的结果,是在奋进过程中的心理能力能动力量,是积极的心理自我暗示产生出来的结果。

露皮塔去了一趟两个儿子的学校,情况使她感到焦虑万分。"你这两个儿子反应太迟钝了。"老师对她说,"我们只好把他们编入与他们能力相仿的阅读小组了。"校长也深有同感,还说"你在家里只讲西班牙语,把两个儿子弄得糊里糊涂的。他们不知道用英语该怎么说"。露皮塔自己从小就被认为智力很差,先是降级,被列入反应迟钝者之列,后来又不得不眼泪汪汪地退学了。她16岁出嫁,婚后生了两男一女。如今两个孩子都被列为低能者,这使她难以忍受。她决心自己帮助孩子,从自己求学做起。

露皮塔求人帮忙推荐自己上学,得到的答复是:"你的履历表明你反应迟钝、智力低下,我不能推荐你上学。"她泪流满面地走回家,哭着对自己说:别泄气!她又去找孩子们的校长商量,校长建议她到两年制的得克萨斯南方学院去试试。南方学院的登记员被她的强烈愿望所感动,答应她先试一年,不过"丑话说在前头,如果你考试不及格就得走"。就这样,她上学了，还兼顾家务，每天两头忙。全家都赞许她这一新的追求，可是却不太相信她能坚持下去。

到第一学年末，她惊奇地意识到：自己的能力不比别人差，自己应该有一个大学学位。于是，她除了继续在南方学院学习，又进了70英里远的潘·美洲大学学习，每天4点起床，不怕苦累。3年后，她取得了初级学院学位，还以优异的成绩取得了潘·美洲大学的理科学士学位。

无独有偶，在母亲的鼓励下，孩子们各方面的能力也有所发展，成绩一天天地提高，自信心也随之增强。最终，学校把他们转到正常的班级里。

1971年，露皮塔被授予文学硕士学位，又担任了由豪斯登大学发起的墨西哥美国文化研究会的理事。新的工作又促使她去攻读行政管理的博士学位，并在学习工作之余在大学任教，每周还给基督教女青年夜校上两次课。1977年她取得博士学位，获得了颇具威望的美国教育委员会的会员资格。她是有史以来第一个获得该委员会奖的拉丁美洲女人（她是墨西哥人）。1981年，她又被提升为拥有31000名学生的豪斯登大学的校长助理。她的成功大大地鼓舞了她的孩子们，后来，她的长子成为了内科医生，她的次子成了一名律师。

一家两代人都曾被打入智力低下的行列，可是他们却靠自己的不懈努力改变了命运。很多情况下，人们的命运都是由别人和外物所控制，当你陷入挫折的情绪中时，要及时调整自己，战胜自己，要拿信心和勇气拯救自己，否则，没有什么能拯救你。

古希腊戴尔菲城的一座神庙里，镌刻着苏格拉底的一句名言：认识你自己。这是这座神庙里唯一的碑铭，它要求人们在情绪产生的时候，就能觉知它的存在，进而有目的地调控它。

王琦幼年时患了一场大病，命虽保住了，下肢却瘫痪了。

王琦的父亲是邮局干部，在她中学毕业后便设法在邮局给她安排了一份可以坐着不动的工作，工资及各种福利待遇都与常人无别。在这个岗位上，她干了3年。按说，一个重残的人，能有一份这样安稳有保障的工作，应该感到十分满足了。她的许多身体健康的同学，都还在为谋一份职业而四处奔波呢。但她却辞职了，因为她在人们的眼中，不但看到了同情，更看到了怜悯和不屑。她的自尊心在这种目光中一次次被刺伤，所以纵是父亲的耳光和母亲的哭求都没能阻止她。

辞职后她先是开了一间小书店，但不到半年便因城市改造房屋拆迁而不得不关门。之后，她又与人合办了一家小印刷厂，也仅仅维持了一年多，便因合伙人背信弃义而倒闭。两次经商，都没成功，而且还债台高筑，这时她的父母和朋友们又来劝她说："你一个残疾人，就别胡折腾了，多少好手好脚的人都碰得头破血流呢，何况你。"父亲劝她还是老老实实回邮局上班。但她还是没有回头，而是又选择了开饭店。这次她吸取前两次的教训，一年下来，小饭店竟赢利两万多元。于是她又开了两家连锁店。

10年之后，她的连锁饭店不但在她居住的城市生根开花，而且还不断在周边的大小城市一间间开张。她自然也就成了事业成功的老板，并且找了一个聪明能干的老公。有人问她成功的经验，她说了很多，但她说最重要的，就是千万不要同情自己。别人同情你不要紧，若自己同情自己，就会成为懦夫，而没有勇气去奋斗，一辈子只能在别人的同情中生活。

许多人抱怨自己命运不济，因为缺少机会。那么机会对人生究竟有多重要呢？其实机会就像买彩票一样，投入得越多，失望的概率就越大，因此，相信机会有时也是一种自欺欺人。做人要靠自己，只有靠自己才能创造更多的机会，才能主宰自己的命运，进而获得成功。

不依赖别人，幸福掌控在自己手中

法国思想家阿兰曾说过："让自己活得快乐和幸福是做人最大的责任。"幸福和快乐不能依赖别人来给予，而应该是我们自己去创造和体会。要记住：幸福掌握在自己手中。

传说中有一种鸟叫荆棘鸟，它们一生只唱一次歌，从它们离开巢的那一天开始，它们就在寻找一种荆棘树，当它们终于如愿以偿，就把自己娇小的身体扎进所能找到的一株最长、最尖的荆棘上，和着血和泪放声歌唱——那凄美动人、婉转悦耳的歌声使人间所有的声音刹那间黯然失色！一曲终了，荆棘鸟终于气竭命殒、以身殉歌。整个世界都在静静地谛听着，造物主也在苍穹中微笑。因为最美好的东西只能用最沉痛的巨创来换取。

有的女人追求爱情就像荆棘鸟一样如痴如醉、执迷不悟，然而，到最后却让自己伤痕累累。女人一旦爱上一个男人，就会变得多愁善感、脆弱不堪、疑神疑鬼，甚至失去理智、不可理喻；女人一旦爱上一个男人，那种坚持、那种认定、那种执着、那种彻底、那种放弃所有、那种不顾一切都到了极致，一种让男人们无法承受的极致。女人当爱情是阳光和空气，是水分和血液。女人总是在爱情中迷失自己，总是在爱情中掏空自己，为了那个男人可以奉献一切，可以彻底地改变自己，甚至埋葬自己。

其实，一个女人要学会独立，爱情不是你生活的全部，学会独立才最重要。生活中很多女人在听到"独立"一词的时候，就会想到"女强人"或者是"独身女人"。其实，无论是男人还是女人，生来都是一个独立的个体。虽然封建社会传统的"男尊女卑"的观念一直影响着女人在这个社会上的地位，但是觉醒的女性一直在为自己争取独立的权利。

如果在现代社会，你还是一个依附于男人生活的女人，那么你不仅是可悲的，而且情商极低。现代女性应该是独立的，这种独立不是说要女人都成为"女强人"或者"完全与男人无关，不要婚姻，不要爱情，做独身女人"，而是指女人应该具有独立的人格、独立的思想、独立的选择、独立的事业等。

女人要想独立，首先就应该在精神上独立，然而，很多女孩子在恋爱之前，都会信誓旦旦地说"不会做爱情的俘虏"、"要有自己的空间"，可是，一旦遇见爱情，随着感情的深入便会逐渐失去自我，她们的情绪会随着恋人的情绪而变化，一旦感情出现了变故，就找不到前进的方向、生活的勇气。

还有很多的女人对自己没有信心，她们不相信自己可以给自己一份不错的生活。她们在情感上、经济上都有着很大的依赖性。她们将男人作为可依可攀的树，作为生活的全部，一旦身边没有男人，便会无精打采。当一方过分依赖另一方，当女人把丈夫当成自己的全部时，爱的天平就会发生倾斜，这种倾斜会影响感情的正常发展，同时对女人造成很深的危害。

德国的《女性世界》杂志公布了一项调查结果。结果显示，85%的女性表示，她们只会在带有感情的情况下与男性建立关系。一旦关系稳定，几乎百分之百的女性表示自己会全身心地投入到这段感情中去。她们几乎完全陶醉在自己创造的美好意境中，一旦男人离去，就像美梦破灭一样，难以接受。

小杰和小凯从大学就开始相恋，毕业后，小杰在一家外资公司里面从事客服工作，小凯则在一家IT公司里设计软件。

他们两人在第二年就结束了五年的爱情长跑，牵手步入了婚姻的殿堂。颇有能力的小凯后来白手起家自立门户，每天忙得昏天暗地，便无暇照顾家里。在他的坚持下，小杰放弃了前途大好的工作，成了全职太太，全心照顾小凯的日常起居。

小杰牺牲自己的事业前途来换取老公的事业辉煌，但就在他们结婚纪念日前几天，小凯提出了离婚，小杰泪流满面，因为她此时才发现自己所有的奉献都是一文不值的，甚至还是丈夫离开自己的原因。因为她为了做一个称职的家庭主妇，没有时间来好好打扮自己，没有时间提高自己，也逐渐没有了和丈夫的共同话题。小杰在那一刻对人生绝望了。因为，长期以来，小杰把丈夫当作生活的全部，当丈夫提出离婚时，小杰感到整个世界都为之坍塌了。

我们知道，女人由于天性柔弱，常常希望遇到一个能为自己遮风挡雨的男人，能找到一个保护自己的宽厚的肩膀。然而，小鸟依人并不等于丧失自我。过度依赖男人，结果只能适得其反。只有人格独立的女人，才会得到男人的充分尊重，也才会拥有永恒的吸引力。

历史上，女人总是作为某个男人的附属品而存在，而今时代不同了，女人要了解独立的意义，女人要不依赖别人，掌握属于自己的幸福。

二、情感的自立，让女性的人生没有羁绊

不同的女人面对感情和男人，处理的方式是不一样的，自然产生的结果也是不同的。同样面对一个自己心爱的男人，有的女人奋不顾身，把全部的感情都投入进去，并一再的让步，因此在很短的时间内就让男人产生乏味感，降低对其的兴趣和尊重。而真正聪明的女人则懂得在感情上要独立，这样的女人对感情收放自如，所以她们的生活是幸福的。

女人要情感独立

在很多人的印象中,女人总是多情、善感和脆弱的,一旦遇见爱情,从此就死心塌地,想的就只有和男人一生一世;而男人向来坚强而粗糙,世界给男人的诱惑也远远多于女人,情感上受伤的也多是女人。

女人总是容易爱得没有自我,越是在乎就会越没有原则,最后慢慢纵容男人的一切坏习惯,可是男人却不会因此而感恩戴德,你的付出成了一种习惯,甚至会使男人觉得厌烦。所以,不要以为爱是对等的,不要以为你付出了一切就可以得到他同样的回报,这是不可能的。

对女人来说,情感独立最为重要。女人的精神世界是无比神秘和无比丰富的。女人精神独立是对自己的确认,可以在自己的精神世界里建立起一个美好的王国。

肖燕的丈夫有了外遇,她虽然极力挽救这段婚姻,但是最后收到的还是丈夫已经拟定好的离婚协议书。朋友们都以为肖燕受不了这个打击,毕竟她还是那么的爱他,想着她会哭着闹着求丈夫不要离开她。但是肖燕没有,她只是约丈夫最后吃一次饭。

去饭店之前,她先去了一趟美容院,把自己打扮得容光焕发。在饭店,她叫了一桌自己最爱吃的菜,要知道以前她总是挑丈夫爱吃的点,现在她不用那么顾及他了。饭桌上,她大口大口地吃菜，还若无其事地和丈夫碰杯喝红酒。吃饱后她掏钱买单，然后一边用餐巾纸擦嘴，一边在离婚协议书上签下自己的名字。然后，她把协议书扔给他，扭着小蛮腰，头也不回地离开了，留下目瞪口呆的丈夫坐在那里。

奇怪的是，她的丈夫后来并没有和她离婚，而是跪着求她原谅。他说，看她走出饭店的样子，他觉得她是那么的美丽、有气质，比那个情人有魅力多了，他忽然发现自己一直都爱着她，只是平淡的婚姻生活让他有点厌倦了。

后来，朋友问肖燕，难道得知丈夫有了外遇打算离婚一点都不伤心吗？她说，不伤心是假的，那段时间自己天天失眠，可是哭有什么用呢？她明白，男人如果变了心就不再心疼女人落泪，你越求他，他会跑得越远。既然要离婚了，也就没必要让他看到自己的眼泪。女人应该自信，相信自己离开男人一样可以活得很好，与其在他面前表现的像是世界末日到来，卑微地求他回来，不如找回女人的自信，让他也惊叹一次，给他留下你因自信而变得潇洒和美丽的身影。

就如肖燕一样，女人不该是男人的附属品，女人要懂得通过交友、读书、娱乐来充实自己的内心，即使没有爱情的滋润，依然活得自在。聪明的女人要相信自己，不依赖男人也能活得很好。

许多人认为离婚女性的生活状态一定是疲于奔命、疏于打理的，就算是闲时，也必是独抱浓愁无好梦。但实际上有很多女性，把离婚当做事业开始的契机，用自己的双手和智慧撑起整个天空，她们和普通女性一样拥有幸福和温暖，拥有丰富的感情生活，拥有一个独立的自我世界。

但是，很多女人在幸福的婚姻中可以处理好生活中方方面面的事情，心态也是平和的。一旦感情触礁，她们便立刻失衡,根本无法安心工作和照顾孩子,更别提照顾自己了。她们沉浸在伤心中,日渐憔悴,反复想的都是:他为什么不爱我了?没有为什么,爱情原本就是毫无道理可讲的。当一个男人感情发生变化时,理智的女人应勇敢地面对这个现实,然后,看看这段感情还有无挽回的可能和意义,如果有,则做努力,如果没有,那么就冷静地放手。因为,越是纠缠,越多伤害。学会放手反而让女人更加幸福的生活。所以,女人要争取精神上的独立,争取做一个真真正正独立自强的女人。

不要成为爱情的奴隶

生活中有很多女性迈进爱情这条河流后,整个身心就好像被对方的魂魄附体一般,随着他的高兴而高兴,随着他的伤感而伤感,却忘记了自己也是一个独立存在的人。之前的那个"自我"在爱情的光环下已经渐渐消失不见了,她完完全全成了一个爱情的奴隶。

这样的女性,在爱情里丧失自我,没有自己的目标和方向,只知以心中的他为中心,虽然已经伤痕累累,但还是不愿放弃。

孟微,痴痴地爱了一个男人10年,爱得没有保留,那个男人一再伤害,她便一再忍让。她总是不停地安慰自己,他终究会回来,他是爱我的,他迟早会跟我结婚的。在这10年里,孟微为自己设计了3套结婚礼服,只是礼服越来越简单,梦想也越来越稀薄。她爱得很卑微,在这个爱里孟微丧失了自己。

然而这世间的事并不能总遂人意,那个男人抛弃了她、欺骗了她,和别人结婚了。于是她变成了一个怨妇,最后,她的怨恨膨胀到伤害了自己。她拿起刀砍向自己,她希望身体的痛能大过心的痛。幸好,她最后醒悟了,当那个男人回心转意时,她给他一记响亮的耳光:"我想你搞错了,我并不是想殉情,只是恨自己认人不清而执迷不悟。"孟微此时的醒悟并不是很晚,对不对?

有一句话叫作爱一个人不要爱到十分,八分已经足够了。剩下的两分,要用来爱自己。这是值得每一个女性好好去品读的。

爱一个人爱到十分满,在爱情里,你就会失去自我,失去尊严。你会被他牵着鼻子走,如被魔杖点中,完完全全不能自已。从此,你没有了自己的思想,没有了自己的喜怒哀乐,你以他为中心。跟他在一起时,他就是整个世界;不跟他在一起时,世界就是他。你会无原则地忍受他,慢慢习惯于这种纵容,无视你为他的付出,甚至会觉得你很烦,太没个性,甚至开始轻视,怠慢,不尊重你……

爱一个人爱得浑然忘我。那样全身心的爱只应出现在小说里,但你是生活在现实生活中的,如果你不顾一切地爱,甚至丢失了一个人最基本的尊严,那你守着这份爱又是为了什么,为了让你爱的人看不起你吗?

在现实里,太多太多的傻瓜在爱里甘心情愿地付出,结果换回的只是对方的冷眼:"傻瓜,我又没叫你这么做。"太多太多的傻瓜不知道对方真实的想法,而胡乱给对方自以为他会满意的馈赠。换来的不过是十分牵强的笑容和一声"谢谢"。太多太多的傻瓜在爱里为他喜为他忧,结果换回的只是对方的冷漠和残忍。

恋爱中的女人容易失去自己，这并不可怕，可怕的是你没有意识到失去了自己。当有一天爱情轰然倒塌时，你才发现原来的自己已不复存在，仓皇之中不知该如何应对这突如其来的局面。

爱情中的女人要更爱自己一点，不要为了爱人而失去自己。不要成为爱情的奴隶，不要以为爱情就是你的全部，不要依附于你的爱人来生活，要知道独立的你才更可爱。你不要因为有了爱情，就失去自己的生活，自己的理想，更不要放弃自己的工作，自己的朋友。这样的你才会在爱情中得到更多重视与关爱，也可以让你在失恋时得到更多的慰藉与关怀。当然这些也都是要适度的，你不能为了工作而不管爱人，也不能因为梦想而放弃所有。这个适度性要靠每个人自己来把握。

这里只是想告诉陷入爱情的女人多爱自己一点，不要让男人牵引自己的喜怒哀乐，不要陷入爱情就变成爱情的奴隶。让自己活得有意义、有目标，并积极地去营造、享受生活乐趣，这样才能幸福地生活。

做一个有活力的女人

生活中，充满活力的积极心态是做事有"心计"并渴望成功的人必须具备的心态，积极心态具有惊人的力量：它能创造财富、健康、快乐和成功；它能获得朋友、消除烦恼；它能使你的人生充满辉煌。

消极心态同样具有惊人的力量：它拒斥财富、健康和快乐，使你远离成功；消极心态使你的朋友离你而去，使你愁上加愁、苦中添苦；它只会使你的人生黯然失色。

从心理学的角度来说，当一个人拥有了充满活力的心态之后，他就树立起了人生的信念。有了信念就能够很好地完成自己的工作，并且工作时会觉得很有信心，也很快乐，而且在工作中一旦有了小小的成绩，他的信念则会愈发坚定，他的心态也会随之更为积极。这样，计划—活力—信念—工作，工作—信念—活力—计划之间就形成了一种良性循环。相反，当你的心态处在消极的一面的时候，你会对你自己和你的工作失去信念，没有了信念也就没有了干劲，身上原来拥有的能力也会因你的信念的消失而消失，这时的工作也就会越来越不好做，人生也就会越来越不顺心，工作越难做，人生越不顺心，信念就越不坚定；信念不坚定，计划就差，心态也会随之越差。无形之中就形成了一种恶性循环。

良性循环与恶性循环是与情绪和行为相对应的，并且两种循环都取决于人的心态。前一种循环通往成功，后一种循环铸就平凡。因此，可以肯定地说，做事成功的起点就是你的心态，做事成功的开端就是认识你的心态，而主宰这一切的是你的计划。

比尔·盖茨说："一个好员工，应该是一个积极主动去做事、积极主动去提高自身技能的人。这样的员工，不必依靠管理手段去触发他的主观能动性。"人生天地间，证明自身存在价值的愿望可以说是与生俱来、与身俱灭的。成功不仅是个人的追求，同时也是家族的、朋友的、社会的共同期望。那么，要想证明自己是一个有价值的人，必须时刻让自己充满活力。

小鱼是一名大二学生,暑假期间在保险公司找了一份销售工作。在为期两周的培训过程当中,她学到了不少东西,比如:

1. 一位销售员在离开销售学校后的最初两周内所养成的习惯,应在他此后的工作中永远保持下去;

2. 当你确定了一个销售目标后,你就要不断努力去追求,直到实现这个目标为止;

3. 遇到困难的时候,要学会用自我激励警句如"我肯定行""我没问题""我不比别人差""我一定能过这一关"等去鼓励自己朝着预定的方向前进。

于是,小鱼始终保持朝气去工作。在积累一些销售经验之后,她定了一个特殊的目标——获奖。要想做到这一点,她至少要在一周内销售100份保险单。

小鱼行动了。她从星期一开始就全力以赴投入工作,到星期五晚上的时候,她已经成功地销售了80份,离目标只差20份。小鱼在心中告诉自己:什么也阻止不了我完成目标的决心,我一定会按时完成任务的。她相信,只要人的心里所能设想和相信的东西,人就能用积极的心态去获得它。

然而,理想与现实之间总是存在差距的。小鱼的决心和意志虽然坚定,但到星期六下午3点钟的时候,她仍未做成一笔买卖。不过她明白:交易可能发生在销售员的态度上,而不在销售员的希望上。这时,她记起了卡耐基的自励警句,满怀信心地把它重复5次:"我觉得健康,我觉得愉快,我觉得大有作为!"

在这种充满活力、积极心态的鼓舞下,大约在那天两个小时后的5点钟,她做成了3笔交易。这离她的目标只差17份了。这时她又想起"成功是由那些肯努力的人创造的",于是又反复默念:"我觉得健康,我觉得愉快,我觉得大有作为!"大约在那天夜里11点钟时,她疲倦了,但她是愉快的,因为她如愿以偿地做成了20笔交易。她达到了她所追求的目标,获得了奖励,并学到一条很重要的道理:不断努力能把失败转变为成功。

相信任何一个企业老板,都希望自己拥有一批能主动工作、充满活力、带着思考进行工作的优秀员工。因为任何一个老板都知道,只有那些准确领悟自己的指令,并积极主动加上本身的智慧和才干,把指令内容做得比预期还要好的员工,才能给企业带来最大的利益。

事实上,充满活力地去工作和工作能力并非处于同等位置,工作活力是工作能力的前提和基础,工作活力可以促进工作能力的提高。有了工作活力,才会丰富工作成果,才能证明工作能力。没有工作活力,成天混日子,那么只会日渐消沉。

活力来自于你对工作的态度,当你无法在工作中找到乐趣和动力时,请重新思考你所从事的工作的神圣与伟大。任何工作都有它自身的神圣与伟大。假如你做了多年的教师,很有可能对整天和小孩子、粉笔打交道而厌烦;假如你是医生,很可能对患者的痛苦和患者家属的愁容无动于衷。公事公办式的职业道德在你眼里可能是可笑的,你可能会想,老板给我涨点薪水可能就会改变我的工作态度。其实,这时你缺少的不是薪水与职位,而是工作的活力。

充满活力是一种工作的情绪,是一种积极向上的态度,更是一种高尚珍贵的精神,是对工作的热衷、执着和喜爱。它是一种动力,在你遇到逆境、失败和挫折的时候,给你力量,指引着你去行动，去奋斗，去迈向成功。凭借活力，我们可以把枯燥无味的工作变得生动有趣，使自己充满自信，充满对事业的狂热追求；凭借活力，我们可以感染周围的同事，获得他们的理解和支持，拥有良好的人际关系；凭借活力，我们可以发掘出自身潜在的巨大能量，发展一种坚强的个性；凭借活力，我们更可以获得老板的赏识、提拔和重用，赢得珍贵的成长和发展的机会。正如拿破仑·希尔所说："要想获得这个世界上最大的奖赏，你就必须拥有过去最伟大的开拓者所拥有的将梦想转化为全部有价值的献身活力，以此来发展和销售自己的才能。"

女人们，让我们做一个充满活力的人吧！

女人要有一颗不安现状的心

你已停下了脚步，而整个世界却仍在不停地前进，甚至前进得更快。正如时光每一瞬间都在逝去，你的"现状"每一瞬间都在成为历史。

许多女性在嫁对了郎，也入对了行之后，就都会满足于自己的生活和工作，过着恰然自得的日子了。也许你会问，人生的两大追求都拥有了，难道还不满足吗？当然不能。

人生如逆水行舟，不进则退，维持现状不是一件容易的事情，更何况现在的社会发展极为迅速，只要你不再努力向前，

二、情感的自立，让女性的人生没有羁绊

你就会落在别人的后面。哪怕你一生只想守住一个工作岗位，你也不可能不去吸收新观念、新知识和新技能。

齐老师从大学毕业后，进入了一所高中教学。在这个她所热爱的岗位上，一干就是二十几年，获得过优秀教师的称号，也被评为过省级优秀教师。可以说在她平凡的事业中，早已充满耀眼的光芒了，因此，她应该没有什么不满足的了，应该轻轻松松地上下班，安安稳稳地等退休了。

可是，年近50岁的她，最近却拜正在上大学的儿子为师学起电脑来了。跟她做了20年同事的黄老师劝她："齐姐，都几十岁的人了，眼睛也不顶用了，脑袋也不如年轻人快了，手打字也不是很听使唤，快退休了，又何苦学这东西来折磨自己呢？"

让黄老师意外的是，齐老师却反过来笑着劝她："老黄，你也应该学学，前几天，我儿子教我做了一个Flash课件，用来展示课本上的内容很好用，你不如让你儿子也教教你吧。"

黄老师摇了摇头，笑着说："我可不像你，一提到新鲜事物就兴奋。"

不久之后，学校响应信息化教学改革，举办了一场别开生面的"Flash课件大比拼"，让所有教师大吃一惊的是，夺得第一名的竟然是年近半百的齐老师。

在以后的日子里，许多在电子时代成长起来的年轻老师，遇到制作电子课件上的问题，也要过来虚心地请教齐老师。

后来发生了一件连齐老师自己也想不到的事，高级教师职称评定考试里增加了计算机一科。许多年龄偏大的教师不是被这门考试弄得焦头烂额，就是再三叹气之后，放弃这"折磨"人的考试，而且私底下诅咒着想出这门考试的上级。

而齐老师却面带笑容,轻装上阵,一下子就获得了"优"的好成绩。

放弃这次考试的黄老师前来祝贺时说:"悔不当初,早听你的就好了。做了一辈子教师,考个高级教师也算给自己一个交代。"

齐老师安慰她:"现在学也不晚,虽然不可能用来参加考试了,但是也可以跟年轻人网上聊天呀!"

50岁的女人都不能满足于现状,都需要有一颗不断进取之心,那么,才二十几、三十岁的你,又有什么理由沉醉在现有的安逸生活中呢?是女性肩负不起生活的重担吗?是女性承受不住事业的压力吗?是女性经受不住晋升过程中的挫折吗?

不,女人的韧性是世界上最强的,在生活的苦难之中,有多少温婉的女子,用自己柔弱的双肩扛起生活的重担,始终迈着坚定的步伐向前走!蒙古族流传着一句这样的古谚:"骆驼背不起的重担,女人能够背起来。"可见,许多事情,女性不是做不到,而是不想做。如果你自己不想成功,不想领先,不想主动,那怎么能够成功呢?

女性在智力上并不比男性差,特别是女性的耐心细致,与生俱来的忍耐、合作和善于倾听等特质,在一些职业岗位上能够取得更好的工作效果。女性若能充分发挥自己的优势,在职场上赢得一席之地也并非难事。

下面就是女性优于男性的几个方面,只要注意发挥,就能轻而易举地获得成功。

1. 交际能力的优势

女性普遍具有和蔼可亲、容易与人相处、感情丰富且善于体谅别人的处境和困难的特点,在社交场合或工作协作中能表现出较强的人际交往能力。

2. 思维能力的优势

女性在对三维空间的认识能力上往往略逊于男性，但她们在形象思维以及思考问题的细致周密上却普遍具有优势。

3. 语言能力的优势

据专家研究发现，女性运用语言词汇的能力强于男性，且随着年龄的增长、知识及经验的积累，女性驾驭语言和文字的能力，在语法、造句、阅读能力等方面都比男性更为出色。

4. 忍耐力的优势

在相对单调乏味的条件下仍能孜孜不倦地长期工作，这是女性的一大特点。大多数女性工作耐心持久，态度认真，有较强的工作责任心。

女人要想自立，首先要有一颗不安于现状的心，只有这样方能很快做一个自立的女人。

自己的感情自己做主

女人在感情的世界里不能总是依赖于男人，处于被动的一方，身为女人要勇敢大方地表达自己的感情。

他们相识在他的摄影店。她背着一个双肩小包，很悠闲地看着样本。出于职业习惯，他一眼就看中了她的整体气质，取出自己刚刚设计好的一套方案，说："小姐，看这一系列怎么样?"她将样本展开看了看,立刻被吸引住,马上答应了下来。

他惊喜地说:"我要参加一个摄影大赛,你可以做我的模特吗?"

"模特?我?"她笑了,说,"你找别人吧,我还要读书呢。"

"没关系,你可以利用业余时间。"他赶紧说。

"我的理想是做摄影家。"她坚定地说。

"那我可以教你的。"他也坚定地说。

就这样,他们开始了合作。她毕业的时候,他的摄影店正扩展业务,完全可以留下她,但他最终还是通过自己的关系将她介绍到市里最好的一家摄影店。

三年之中,她不断地参加各种摄影比赛。她越来越红,也越来越沉默。有报纸报道她和一富商的儿子相恋的消息,说两个人共同为某某公司开张剪彩,等等,并登出两人亲密地在一起的照片,那个很年轻也很帅气的男孩搂着她,笑得很开心。

看报纸时,他有一种揪心的感觉。朋友了解他的心情,对他说:"这么多年了,我一直以为你是在等她长大。可到现在我才知道,你根本就是没有胆量。"

"我不能给她太辽阔的领地,所以也没有理由让她因为我的爱而放弃她应该得到的天空。""你爱她,不是给她天空,而应是温暖的家。她一直没有男朋友,你根本就有机会,只是你太看重她,反倒变得缩手缩脚了。"

虽然他被朋友说得有些动心,但是,他依然没有勇气开口。她呢?她是怎么想的?她也爱着他,这么多年来,她一直等着他的告白,等着他挽起她的手。其实,早在他第一次给她拍照的时候，她就被他的认真与专注吸引了，几年来，他们的合作，更让她从中看到了他的风度、他的品质以及他没有说出口的爱。

这几年，她的成绩越来越突出，而他却离她越来越远了。她知道，他在逃避。起初是因为她太小，现在是因为她的成功。她也曾怀疑，他是否真的喜欢她，她甚至用与他人的亲密刺激他，但他依旧没有表示什么。难道让一生的爱就此错过吗？

她左思右想，终于想到了一个好办法。这一天，她提前从单位回来，特意打扮了一番，约他出来。她要带他去夜市吃冰点。

他很奇怪，怎么约到夜市，那里面那么嘈杂。但他还是没有犹豫，接到电话后就出发了。到那里的时候，她已经在了，一个人静静地坐着。打过招呼后，他正要问她为什么要来这里，她却说："什么也不要说，只听一个人的声音，那个人的声音。"

顺着她的手指，他看到斜对面有一个卖眼镜的小贩，他正大声叫卖着："走过、路过、千万不要错过……"，那一刻，他才知道，原来她约他到这里来，只为听到那个人的高声叫喊：走过、路过、千万不要错过。他紧紧拥住她，拥住他险些错过的幸福。

结婚那天，他们将从夜市买回的眼镜当成装饰品，挂在卧室的墙上。她说，那里面有他们生生世世的许诺。他则说：这是你的勇敢，以及我们的幸福。

遇见自己喜欢的人是一种幸运，得到自己所爱的人则是一种幸福。女人为了自己的幸福，更应该勇敢去追求。

对生活中的逆境，做到乐观处之

时光如梭，人生苦短，几十年如同行云流水，生命不可能周而复始。女人要珍惜生命，快乐地生活，善待每一天。每当想到这些，你的心情就会变得晴朗，当困难、烦恼袭来时，你就会坦然处之。

女人想要快乐，就不能折磨自己。生活总是充满了喧嚣，充满了苦恼，充满了不理解，对于生活只有放得下，才能提得起，放是潇洒，放是美丽，放是智慧。唯有开心快乐，才能坦然地面对生活，坦然地迎接生活的挑战。如果大家都能开开心心地过日子的话，世界一定会变得更美好。女人，你可以输掉一切，但是你绝对不能输了快乐。输了快乐，你就输掉了全部。

一切的和谐与平衡，健康与健美，成功与幸福，都是由乐观与希望的向上心理产生与造成的。乐观，就像是寒冷季节的一丝阳光，炎热夏季的一缕凉风，给予你自己的永远是希望、信心、胜利。马歇尔·霍尔医生曾对自己的病人说过："乐观的态度，是你最好的药。"所罗门也曾说："乐观的心态，就是最强劲的兴奋剂。"

有个大臣因智慧超群而深受国王宠幸。智慧大臣有一个不同寻常的特点：对待任何事情，他都保持积极乐观的想法。也正是由于这种态度，他为国王解决了不少难题，因而深受国王的器重。

国王喜欢打猎。在一次围捕猎物的时候，不慎弄断了一截手指。国王疼痛之余，马上叫来了智慧大臣，征询他对意外断指的看法。智慧大臣仍轻松地对国王说，这是一件好事，并劝国王不要为此事而烦恼。国王听了很生气，认为智慧大臣是在取笑他，立刻命侍卫将他关进了监狱。

待断指伤口愈合之后，国王又兴致勃勃地忙着四处打猎。不幸的事终于发生了，他带队误闯邻国国境，被埋伏在丛林中的野人捉住了。

按照野人的惯例，必须将活捉的这队人马的首领敬献给他们的神，于是便将国王押上祭坛。正当祭奠仪式开始，主持的巫师突然惊叫起来。原来巫师发现国王断了一截手指，而按他们部族的律例，献祭不完整的祭品给天神，是要遭天谴的。野人赶忙将国王押下祭坛，把他驱逐出去，另外抓了一位大臣献祭。国王狼狈地逃回国，庆幸大难不死。忽然想起智慧大臣所说断指也许是一件好事，便马上将他从牢中释放出来，并当面向他道歉。

智慧大臣和往常一样，仍然保持着积极乐观的态度，笑着原谅了国王，并说这一切都是好事。

"说我断指是好事，现在我能接受；但如果说因我误会你，而把你关在牢中，让你受苦，你认为这是好事吗？"国王不服气地质问。

"臣在牢狱中，当然是好事。陛下不妨想想，今天我若不是在牢中，陪陛下出猎的大臣会是谁呢？"智慧大臣笑着回答。

无论遇到多么难办的事，我们都要保持积极乐观的心态，相信一切问题都会解决的。

有一位虔诚的作家，在被人问到该如何抵抗诱惑时，他回答说："首先，要有乐观的态度；其次，要有乐观的态度；最后，还是要有乐观的态度。"

乐观向上的人物，举不胜举，我们在这里要提到的还有路德、莫尔、培根、达·芬奇、拉菲尔，以及麦克尔·安吉洛等。他们之所以快乐，是因为把毕生的精力都投入到为之奋斗的事业中，享受着工作的乐趣——用他们的博学不断地创造美好的生活。

然而，悲观的人却常常对未来保持否定的看法。他对人做最坏的预期，观察人的时候，总是看到本质恶劣的一面以及满肚子自私自利的动机。对悲观的人而言，社会是由一群狡猾、颓废而邪恶的人组成，他们总是想利用周围的事物为自己牟利，这群人既无法信赖，也不值得对其伸出援手。

对悲观的人谈起任何计划，他马上就会提出一连串有关这个计划的麻烦与障碍。而且他还会告诉你，即使圆满达成目的，最后也只会尝到苦涩、幻灭与屈辱。经他这么一说，你大概会立刻魂飞魄散、全身无力了吧。

悲观的人拥有近乎异常的传染力。如果某天早晨，偶然在路上碰到他，他会立即将消极的态度与无力感传染给你。我们每个人的内心都有一种期待被唤醒、引诱的"倾向"。悲观的人能够巧妙地掳获这种"倾向"，借此实现其目的。

我们内心的"倾向"包括，第一，对未来的不安与恐惧。第二，我们与生俱来的怠惰，希望躲在自己的壳里不要动。事实上，悲观者的本质就是怠惰。他不愿努力适应新的事物，也不愿改变习惯。无论起床、用餐,以及度周末的方式,都要依照固定的模式进行。

一般而言,悲观者是吝啬的。他认为既然每个人都那么贪婪、堕落,而且千方百计想占人便宜,自己又为什么必须宽以待人呢?他常常深怀忌妒,只要听他说话就知道了。他会吹嘘自己过去做了哪些了不起的事,还会夸口当年若非某些障碍的阻挠,或者一些腐败的现象,或者某些无能的家伙比自己还受到重用,他一定会成就更了不起的事业。

相形之下,乐观者则容易信赖别人,也愿意涉入险境。但其实他也能察觉别人的恶意或缺点,只是他不愿将之视为障碍而犹豫不前。他相信每个人都有优点,并努力唤醒别人的优点。

悲观者躲在自己的壳里面,甚至不愿听取别人的意见,认为别人都具有危险性。相反的,乐观者则恰恰喜欢关心别人,让别人畅所欲言,给别人时间,观察对方的所作所为。如此便能够了解每个人的长处、优点,因而得以团结、领导众人,共同朝某个目标迈进。卓越的组织者、优秀的企业家以及杰出的政治家,都必须具备这种特质。

此外,乐观者也比较容易克服困难,因为他会积极寻找新的解决方法,在很短的时间内就把不利的条件转变成有利的条件。悲观者则会因为一下子就看到困难而心生畏惧、退缩不前。其实在很多情况下,只需要一点想象力,情况就会完全改观。

每个人都要把心灵的频率调好,以聆听辨别出积极消极话语间的差异,进而把消极逐出心灵之外。因为任何难题之解答,总是生于积极进取心态中的。积极乐观一点,你会发现,其实生活还可以变得更加美好。

　　乐观就像心灵的一片沃土，为人类所有的美德提供丰富的养分，使它们健康地成长；乐观能让你的心灵更加纯净，意志更加坚强。乐观就像最好的朋友一样陪伴着你的仁慈，乐观就像尽职尽责的护士一样呵护着你的耐心，乐观就像母亲一样哺育着你的睿智，它是道德和精神最好的滋补剂。

　　每个女人的一生中总会遇到许多的挫折，遇到挫折并不可怕，关键是我们对待挫折的态度，对我们以后的人生有很大的影响。笑对挫折，一切都是暂时的。笑对挫折，才能更好的生活下去。笑对挫折，乐观生活，才能赢得更精彩的人生。

三、经济的自立，女人享受工作的快乐

女人一定要在经济上独立。未婚女人在经济上一定要独立，如果你不能做到的话，也许你的男友开始能够忍受，长此以往，再有耐性的男人也未必能谅解你。他会认为你会这么一直依靠于他，不会轻易离开他，他对你的态度就会大不如前。而已婚女人更要在经济上独立，这样才能使你在家庭中有一定的地位。

女人要有自己的事业

生活中，有很多女人都甘愿做男人怀中的波斯猫，生活无忧无虑，无牵无挂。其实这是一种目光短浅的表现，懂得生活真谛的女人会明白自己拥有一定的事业才是爱情美满，生活幸福的保障。

每个结了婚的女人都想让丈夫永远迷恋自己，但是往往事与愿违。男女之间结婚以后，就会产生彼此依赖的相属感，有心理学家指出，夫妻间的相属感，几乎是婚姻中的"险滩"，原因在于其感情过于稳定，几乎近于麻木，妻子在丈夫眼中也逐渐失去了魅力。幸福的女人知道婚姻也是需要经营的，其实女人婚后幸福的秘诀就在培养自己的独立人格，进而在丈夫心目中显现出独特的魅力。

说到魅力，女人往往联想到自己的外表，于是有些女人就要长吁短叹起来，因为她们深知自己相貌平平，心底里早已有了一些自卑。加上结婚、怀孕、生孩子，青春易逝，心里更不是滋味。以为自己相貌平平便无魅力可言的想法，其实是一个很大的错误。

半个世纪前，鲁迅在小说《伤逝》中，写了子娟和涓生这一对情侣的爱情分崩离析时说过这样一句话："爱情要不断更新、发展、创造！"

开拓新境界，可以战胜"年老色衰"的心理和生理因素，给生命带来活力。

有这样一个故事或许能给女人一定的启发：一位作家回老家探亲，见到表妹，险些哭出来。她原是个天真烂漫的少女，虽是农家女，但那细嫩的皮肤，一碰似乎能出水。不料，婚后竟苍老得吓人。额头布满了皱纹，腰也弯了。每日早起晚睡，侍候公婆、丈夫、孩子，还要下地干活，像个被抽得团团转的陀螺，无片刻歇息的时候。住了三天，她只说了一句话，还是切菜时说的，她说："我命苦，才托生个女人。"

后来，作家又见到了表妹，觉得她像换了一个人似的，再也没有那老气横秋的样子，充满了精力，充满了喜气。原来，她已当上自办的刺绣厂副厂长，到处联系业务，忙得很。现在她成了家庭的经济大梁，比丈夫挣的钱多上几倍，每天公公、婆婆、丈夫抢着做家务，她快成了家里的"国王"了。

女人应该有完整独立的人格，更应该有独立的事业。事业独立是一种很高的境界，它需要高素质的心态和全新的价值观。女人在事业上的独立，能让女人的精神独立有相对坚实的基础。聪明的女人不会依靠任何人，因为她们懂得坚实的事业基础，是维护自我尊严的必需。

有这样一个故事：

有个女人不愿意工作，最后只好当了乞丐。她每天祷告，希望奇迹能降临到自己身上。一天，当她祷告完毕时，发现有个白发老人站在眼前。老人告诉乞丐，上帝可以实现她的三个愿望。

她毫不犹豫地许下了第一个愿望：变成一个有钱人。刹那间，她就置身于一座豪华的大宅院中，身边有无数的珍宝。终其一生也享用不尽。

女人又许下了第二个愿望：希望自己变得年轻漂亮。果然，她立刻变成了一个漂亮的美人。

接着，她许下了第三个愿望：一辈子都不需要工作，更不要事业。

老人点头答应了，姑娘又变回了原来的样子。

女人不解："这是为什么？"

一个声音从天际传来："事业是上帝给你的最大祝福，你怎么能不要事业呢？如果你整天什么都不做，想一想，那是一件很可怕的事，只有投入事业，你才有可能变得年轻、美丽和富有。你的生命才有活力。现在你把上帝给你的最大恩赐扔掉了，当然一无所有了！"

这个故事告诉我们，女人的生命价值，从根本上来说就在于女人事业方面的成功和成就。古今中外，任何一个值得尊敬的人都是用辛勤的工作，来换取事业的成功的。事业不仅是为了满足女人生存的需要，同时也是体现个人价值的需要。

一个经过职场的历练而成熟起来的女人，更经得起人生的大起大落。职场中的女人是一道美丽的风景，这与年龄无关，事业带给女人的成就感、充实、满足和快乐的感觉是别的任何东西所不能替代的。

事业能带给女人尊严、责任感和安全感！那种走在人群中的感觉，那种每天穿着整齐的套装行色匆匆赶车上班打卡时的样子，那种在职场中像优秀的男人那样指点江山的魄力，难道不是女人最美的风采吗？

自古以来女人都非常注重感情生活，她们总是以为，好的职业与名誉地位永远都比不上一段美满的婚姻。还有的女人依赖性非常强，她们以为事业只是男人的事，这其实是女人的最大弱点。现代女性最珍贵之处就是能够拥有自己独立的事业。它能给我们以精神的寄托，同时又使我们经济独立、人格独立。

一个女人是某著名高校中文系的硕士生。在临近硕士毕业时，她结束了长达五年的爱情长跑，接受了先生的求婚。到该找工作的时候，她也和其他同学一样开始做简历、挤招聘会。当时她以为凭着硕士文凭和在报社、电视台实习的经历，一定能找到一份如意的工作。谁知道一跳进人才市场的海洋里，她就发现情况和她想象的大不一样。

周围的不少朋友劝她："何必辛苦呢？你老公留学归来，又是工科博士，那么多单位开价都是一万两万的。你干脆不工作，在家写点小文章，赚点小钱，悠然自得不好吗？"于是她把档案往人才市场一放，选择了不工作。

可当最初的兴奋一过，才发现这样的生活过得并不美好，先生每天去上班时，她还在睡大觉，中午一个人在家随便吃点将就着，一整天就在家里穿着睡衣到处晃悠。于是她开始觉得失落、觉得不快乐，渐渐地脾气越来越坏，动不动就发火。

深夜梦醒的时候，她不断地追问自己：这真的是我想要的生活吗？答案是：不。我想去工作，不是因为别的，而是需要。

于是，趁着先生到北京去发展的机会，她也开始像一个应届毕业生一样，又开始了在上海的求职之路。终于，她在一家报社找到了一份做编辑的工作，尽管工资不高，却让她觉得很踏实。她说："在这个人才济济的城市里，我看到了太多优秀的女人怎样在生活。如果你问我，现在累吗？的确有点累，但我很满意。现在，见到我的朋友总说我比以前更有神采了。"

作为一个女人，是不能没有事业的。事业让女人拥有在这个世界上立足的底气。大凡在职场的女性，每天都是神采飞扬、朝气焕发，原因就是事业让她们更加自信，让她们充满活力。

左手家庭，右手事业

在对待家庭和事业的态度上，可能很多人已经认识到，人的一生中，没有任何成功能够弥补婚姻家庭的失败，也没有任何成功能够代替婚姻家庭的成功。事业的辉煌成功不过是一阵子，而婚姻家庭的幸福却是一辈子。

婚姻家庭的和谐是人生幸福的保障，这一道理虽已被广大社会公众认同，然而现实生活中，确保婚姻家庭生活幸福和谐并不是一件自然而然的事，它需要家人、首先是夫妻付出艰苦的努力。

近年来的婚姻统计数字和婚姻家庭咨询案例显示，不和谐、不健康、不文明乃至破碎的家庭日益增多，其后果多半是几败俱伤。

首先是孩子的成长受到殃及。国内外关于不良家庭中子女成长状况的调查，其结论几乎完全一样，即在同样的社会环境和经济条件下，不和谐家庭的孩子，心理疾病和违法犯罪率都高于和谐幸福家庭中的孩子。我国城市离婚率大幅攀升的事实已是众所周知，"单身母亲"已成为令人关注的一个女性群体。与此同时，男人也并未在婚姻失败中得到什么好处。有些男人到婚外去寻求感情或性的补偿，而付出了意想不到的身心代价甚至生命财产的巨大损失；有的人在家庭关系的冷漠、敌对、仇恨气氛中丧失了快乐与健康，损耗着投入事业所需的精力。至于家庭中的老人，耳闻目睹子女家庭不和的状况，必然徒增内心的忧虑，恶化人生的晚境，折损其健康长寿的希望。

为什么现代社会中会有那么多难以享有家庭和谐的悲男怨女？难道他们没有追求美满家庭和幸福人生的期望吗？或者，他们有天生的道德劣根与人格缺陷吗？答案当然不在于此。事实上，缺少关于爱情、婚姻、家庭及人际沟通的基本知识和正确的价值观导向，是一些人陷入人生困境的普遍原因。

对于现代人来说，家庭和事业都是必不可少的。孰轻孰重，也许就像人的两只手一样，只有谐调合作，才能构筑幸福人生吧。

现代女性要想展现自己的能力，实现自己的人生价值，同时在婚姻上更幸福，那么应该拥有自己的事业。左手婚姻，右手事业，婚姻和事业就像是天平上的两端，但是，能让天平平衡起来却不是那么容易的事情。

悦悦在一家房地产公司工作，毕业之后从业务员做起，到了29岁，成为这家公司的销售经理。

悦悦28岁结婚，老公与她都是事业型的人，结婚前就决定两个人要像婚前那样，以事业为重，让家庭成为稳固的后盾而不是负担。

但是，婚姻生活并没有双方想象的那么简单，他们婚前设想的相处模式很快就宣告崩溃。悦悦认为家里应该请一个保姆打理两人的日常生活，因为两个人都十分忙碌。但是丈夫却不同意这么做，他认为家里多一个人会很不舒服。

两人在蜜月期间就起了争执，最后两人各自退后一步，请钟点工。周末的时候悦悦负责洗衣服，同时只要晚上两个人都在家的时候还要负责做饭。

一次两次悦悦还可以应付，但是时间一长，悦悦就有些不情愿了。她不愿将时间都浪费在这些家庭琐事上，她有那么多的工作需要做。

老公对悦悦也有很多不满，首先就是晚饭问题。因为悦悦是做销售的，因此应酬和交际是非常多的。先前约好的只要两个人在家悦悦就要负责做晚饭，可是悦悦基本上晚上是不在家的。有时候到家了，也会接到业务电话，悦悦拿上车钥匙就出去应酬了，根本不会管老公晚上吃什么。老公说悦悦把家当成了旅馆，这个家根本没有一丝温暖。悦悦以前吸引老公的就是她的高学历和聪慧能干，但是结婚以后，这些远没有烧一桌拿手好菜有魅力。

结婚不到一年，两个人都感到十分疲惫，最终还是选择了离婚。

当左手偏斜一点，女人对家庭的关注稍微多一些，就会因为无法与丈夫在事业上进行更好的交流和沟通而遭受丈夫的冷遇；当右手偏斜一些，女人对自己的事业稍微关注一些，又可能会被丈夫责怪对家庭的付出和投入不够，而引起丈夫的不满。

英国经济学教授奥斯瓦德的一项研究表明："结婚""生育"和"升职"是人生最快乐的三件事情，"至爱逝世""裁员"和"离婚"则是人生最悲伤的三件事情。深圳大学易松国教授对此分析认为："这些事项反映的其实就是人生的两个方面，一是婚姻家庭，一是工作事业。这说明，婚姻家庭和工作事业是人生中两个最重要的内容。这两个方面在人生中的地位首先是婚姻家庭，其次才是工作事业。"

现代人如何看待婚姻家庭和工作事业之间的关系，易松国教授分析了三种比较普遍的态度：

三、经济的自立，女人享受工作的快乐

1. 传统的"男主外，女主内"的性别分工模式。

男性是"养家糊口"的人，因此大多数男性将工作事业看成是自己最重要的人生部分。相反，大多数女性则把婚姻家庭看成自己的人生目的，一些女性甚至可以为了家庭而放弃工作事业。

2. 看重婚姻家庭，而又不得不将工作事业放在人生的首要地位。

现代职业女性被称为"双重职业者"，"职业女性"和"家庭主妇"的双重角色使女性既要经营好婚姻家庭，又想工作事业上成功。另一方面，现代男人在"养家糊口"的同时，还应该做"新好男人"，现代丈夫和父亲的角色同样将男人置于工作事业与婚姻家庭的矛盾之中。总的来看，生存和竞争的压力迫使现代职业男女在婚姻家庭和工作事业之中不得不选择后者。婚姻家庭很重要，而工作事业似乎更加重要。

3. 由于个人主义价值观作祟，一些人的人生目标是个人享乐。

工作只不过是人生享乐的主要手段——赚钱享受。他们重视工作事业而轻婚姻家庭，甚至根本不想结婚或生育。

"人们为了工作事业，从小学甚至幼儿园的时候就开始了投入，不断地进行考学和培训。而婚姻家庭呢，一般的人可能认为不用学习，无师自通，到婚姻家庭深陷危机时才感到一筹莫展，绝望无助。殊不知，婚姻家庭和工作事业都是需要用心去经营的！"易松国教授指出，婚姻家庭既是人生中的重要组成部分，又是工作事业的后花园，为工作事业提供动力和避风的港湾。家庭不和对工作有很大的负面影响。应该说，与工作事业相比，婚姻家庭在人生中的地位同等重要甚至更加重要。

做一个会赚钱的女人

做个一个经济独立的女人,首先要学会赚钱。一个人如果不会赚钱,光靠省的话,再怎么省也省不下多少钱来。会省钱除了能够过一个满足温饱的生活外,要想追求更高的物质享受就显得太难了,所以,关键还是要会赚钱!

现在大家都能吃饱饭了,满足最基本的生活需要是没有问题的,但人性是贪婪的,在满足温饱之后就都会去追求更高层次的物质享受。你肯定不想看到,因为自己没钱,而减少与姐妹们的聚会;你肯定不想看到,因为自己没钱,在肯德基多要一包薯条都想半天;你肯定不想看到,因为自己没钱,不能在过年时给父母买一件上好的礼物;你肯定不想看到,因为自己没钱,就只能对着橱窗里琳琅满目的高档化妆品和高档服装暗暗叹息……

也许你会说,一个女人既没有高学历,也没有大本钱,除了朝九晚五地上班,拿一点死工资,她还能从什么地方赚钱呢?其实,当工薪阶层也不是唯一的选择,你也可以自己创业。不要拿自己学历不够见识不广当成不追求事业的借口,哪怕你只是一个普通的家庭主妇,每天从做菜的材料中也能发现不少赚钱的契机。

严荣仙,是浙江省常山县钳口乡中峰村人。2011年上半年颜荣仙在杭州某超市工作期间,一有空她就往农贸市场上跑，了解有关农产品的产销信息。当她得知短裙竹荪号称"菌中之王"，易种、销路好、价格又高时，毅然辞去了超市的工作，回乡引种了2亩竹荪。为了确保质量，严荣仙按技术要求进行栽培和管理，并请来县里的专家进行指导。功夫不负有心人，竹荪终于有了产出，产量、质量都很不错，价格也卖得非常好。尝到了栽培竹荪的甜头，严荣仙扩大栽种规模，现已发展到12亩。她说，根据市场价格，这些竹荪全部采收后，收入在3万元以上。

魏女士说，有一次，朋友带她去一家小区啤酒吧聊天，那里美味的啤酒、轻松的环境、低廉的消费打动了她，从此她成了那里的常客。她发现，那家小区啤酒吧虽然位置比较偏僻，但生意非常好，她每次去都看到不少客人。久而久之，魏女士也动了做这项生意的心思，并进行了一些相应的调查。

据魏女士调查，所谓小区啤酒吧其实就是开在小区内，为小区及附近居民提供一个简易休闲、闲聊的场所，并提供啤酒、饮料、小吃等东西的小店。在小区内租一间大一点的套房，买一个二手空调、一部冰柜，租一个扎啤机，再设置一些桌椅就可以了。小区啤酒吧装修不用太复杂，只要感觉干净、清爽就行。客人主要是附近的居民，跟几个亲友来喝点啤酒、打打牌、聊聊天，小坐一下，因此口碑是非常重要的。

魏女士说，小区啤酒吧成本不高，有些酒水是可以先交押金，售完再跟酒水供应商结账的。交6000元押金就可以租一台扎啤机，厂家供应扎啤，机器操作很简单，还可以用扎啤和新鲜水果自制各种果啤。各种费用加起来，2万元以内就可以开店。店里的东西都很便宜，两三个朋友一起去，也就消费二三十元。如果生意好，店里一天的营业额可以达到200多元，几个月就可以收回成本。

女人们赚钱可以从自我创业开始。下面为你推荐几类适合女性创业的领域,以供参考:

1. 创意服务类

以创意想象、执行为主要工作内容的职业,适合需要自由、不受拘束的创意工作者。由于在工作地点上非常具有弹性,因此也适合想兼顾家庭的SOHO族,包括公关、翻译编辑、服装造型设计等。

2. 专业咨询类

以提供专业意见,并以口才、沟通能力取胜的行业。由于工作内容与场所都富有高度弹性,因此兼职在各家企业或成立工作室的可行性也极高,包括旅游资讯服务、心理咨询、专业讲师、美体美容咨询顾问等。

3. 幼教看护类

包括儿童教养与老人看护,不过通常需要相关证照。包括才艺班、幼儿园、托儿班、居家照护、老人安养服务、家事服务等。

4. 生活服务类

主要以店面经营方式为主,又可分为独立开店与加盟两种。较适合的行业包括西点面包店、咖啡店、服饰店、居家用品店、美容护肤店、花店、宠物店等。当然,开店选址时不可忽略细节。一旦决定开店,必须对所选地点作全面的考察,要选择交通便利、接近人们聚集地的场所。另外,人口增加较快的地方也可以考虑。店面要选择较少障碍物的一边。许多时候,行人为了要过马路,因而集中精力去躲避车辆或其他来往行人,而忽略了一旁的店铺。

一个想独立、想赚钱的女人不妨去创一下业,也许你会从中得到意想不到的收获。

做个经济独立的女人

经济是一切的基础。经济独立的女人,在丈夫、孩子和家人与朋友面前才能抬得起头来,因为有了足够的经济能力,生命才能够有活力,能够实现自己的梦想。女人拥有自己可以自由支配的金钱,并不简单的是"想花就花",而是不需要依靠别人对自己"负责",不成为别人的拖累。

这样的女人,男人会觉得她不仅是妻子,也是朋友,是知己,在一个相互欣赏的家庭环境中,夫妻关系会进一步发展,而不会让彼此厌烦。在经济上一味地依靠男人是很不明智的。现代生活压力这么大,试想一下,男人们的工作已经很累了,还要在照顾你这个不能独立的女人,一次两次男人还感觉自己有被人依赖的满足感,时间长了,男人还能承受吗,即使他能在经济上满足你,那他会认为你是他的附属品,你也要看他的脸色行事,这时夫妻关系已经进入一种畸形状态,很容易引发各种问题,造成这种局面最根本的原因便是女人在经济上的不独立。

由此可见,女人在经济上独立的重要性,它是维持家庭和谐状态的重要条件,也是保证生活质量的重要因素。同时,你会给孩子留下一个自信自强完美的形象,让孩子从小就有一个正确的人生观与价值观。自己的言传身教往往决定了孩子成功的起点。孩子的成功就是你的成功家庭的成功,孩子的快乐就是你的快乐家庭的快乐,那每个人都是希望自己以及自己所爱的人幸福,那就做一个幸福的女人,做一个自强自信的女人,做一个经济自由的女人。

女人只有在经济上自立,才能有独立的人格,也只有这样,才能获得得尊严。男人对女人的感情最佳境界是欣赏,他们在有尊严的自立的女人面前往往在仰慕中多了一份敬重。这种感情带有责任,带有人格,带有知己的感觉。所以牢固的感情往往建立的彼此经济和人格独立的基础上,这正应了政治学中的一句话,叫经济基础决定上层建筑。而不能独立的女人,男人对其感情不会长久的,谁也不会去真正地爱上一个只会给自己添麻烦的人,他们也有累的时候,也需要依靠,而能自立的女人恰恰能给男人以帮助。真正的夫妻感情是相濡以沫的,女人经济要独立,还可有真感情。

然而在以前,很多家庭妇女的命运都是相似的。人们都认为一个女人嫁给了一个男人,就是找到了一生的依靠。而更多的女人,为了爱,愿意放弃一切,包括自己的事业。

从年轻时,女人就开始为家操劳,一日三餐,洗衣做饭。女人可以把饼烙得特别好吃,可以做出可口的面条,但没有养老金,等老了的时候,给儿子带孩子,看媳妇的脸色行事,不是有个著名的大鼓词,叫"老来难"吗?

因为女人老了,手里也没有钱,以后,等有一天她不能动的时候,还指望儿子媳妇为她养老送终呢。儿子再孝顺,伸手要钱的老人,也是处于弱势的一方,总不能理直气壮。于是在年老力衰之际,女人会抱怨子女不孝。

男人在婚前总是信誓旦旦地向女人发誓,会让女人一辈子过上幸福的生活。但幸福的基石是房子票子柴米油盐,如果只靠男人一个人在外辛苦挣钱,没有一分钱收入的女人还想今天买套化妆品明天买件漂亮衣服,你就等着去看男人的脸色吧!挣钱多的男人,会很潇洒地甩给女人一叠钱,但那眼神几乎就是施舍。没准,男人还会同样潇洒地甩给别的女人一叠钱,谁让男人钱多呀?挣钱少的男人呢,要么是唉声叹气地诉说挣钱的不易,要么就是声色俱厉地骂女人是个败家精。想想看,没有收入的女人在男人面前还有尊严吗?此时再抱怨男人"没良心"或"没本事",真是没太大实际意义。

所以,女性同胞们,千万不要将一生的经济需求都依赖在别人身上。

一位从事服装生意的女士谈过自己的心里话:"我身边有很多将一生的希望都寄托在老公和孩子身上的女人。其实她们很年轻,有些甚至三十岁都不到。这张饭票在我看来,并不保险,我既担心会过期,也担心会作废。婚姻绝对不是我们女人的终生保障!"

还有一种情况更可怕,女人放弃了自己的事业,支持男人打拼事业,男人在享受成功的时候,却忘记了站在背后的女人。这个时候,女人没有了工作,没有了固定的收入,没有了安全感,于是悔不当初,抱怨命运,在苦难无望中变成了一个怨妇。

女人全心全意支持丈夫的事业,既是免费秘书,又是无偿员工。夫妻俩双双拼下不菲的家财,女人以为能松口气了,于是为了孩子,选择回归家庭,牺牲事业。慢慢地,当女人姿色开始衰退的时候,男人已经有实力考虑安排自己的"新秘书",女人的地位也就岌岌可危了。可你除了谴责男人没良心外,是否想过,都怪自己过于相信男人这张饭票了呢?

以为婚姻是可以依赖的饭票,当这张饭票作废时,没有经济独立能力的女性,意味着一切将从头再来,但到那时,你是否还能在职场上像年轻时那样富有竞争力呢?

所以,要想年老时不抱怨且活得自在和精彩,那么女人在年轻时,就利用自己的资本,开创自己的事业,不是为了成为女强人,而是为了每一天都可以有尊严地活着!

有的女人因为爱一个男人,愿意放弃自己的事业,甘心做一个全职太太,这本来没什么不可以。我们可以看到,无数个这样的全职太太,她们柔弱的肩膀支撑了无数个家庭。可是,无数个女人也在全职太太这样的定位中,逐渐失去了自我,完完全全依靠男人来支撑自己的全部生活。

爱一个人,完全没有必要放弃自己的事业。而其实,女人的事业和爱情婚姻并不冲突。事业,是我们安身立命的根本,不仅仅男人需要事业,女人也一样需要事业。

从经济上来说,女人可以帮助男人减轻压力,两个人共同为自己的小家庭努力,一起为提高自己的生活质量而奋斗,也可以让我们爱的人轻松一点,洒脱一点,不必太劳累。两个人彼此鼓励,共同携手,人生路上,风雨同舟。

从心理和精神方面来说,女人有了自己的事业,也就有了独立的人格。自己的事业,无论是否做得优秀,都可以拥有自己充实的生活,就不会感到无聊,不会颓废,不会在男人独自打拼时抱怨他没有陪你。

如果爱情使女人备感幸福的话,那么事业就让女人更加自信和美丽。事业可以让女人生活更充实,眼界更开阔,用不着企望有人来给自己安排生活,也不会因为别人而丢失了自我。女人,因为工作而自强,而独立,而快乐。所以,女人要做一个有事业人,从而才能保证你能做一个经济独立的女人。

女人的事业自己争取

在这个多元化的社会里,我们必须承认人们思想观念的多样性。在妇女解放还没有完全实现的形势下,我们也必须承认女人想"干得好"有许多不容易。正因为如此,有人感叹"干得好不如嫁得好",这也是情有可原的,毕竟人人都渴望舒适的生活。尽管如此,我们还应该弄明白:怎样的幸福生活才靠得住?

如果女人想在精神和经济上依附男人而获得幸福的话,她一定会输得很惨,活得毫无尊严,更不会有幸福可言。正如邓颖超所说:"女人要自尊、自信、自立、自强。"

女人应该有自己的事业,哪怕赚的钱仅能够养活自己,也要有自己的生活圈、自己的朋友,这样才不会脱离社会。

其实说白了,"嫁得好"靠的是运气,就像买彩票中大奖一样可遇而不可求。那么多的女人把"嫁得好"喊得震天响,真正富得流油的好婆家还是屈指可数,并且未必都能摊到每个想"嫁得好"的女人身上。就算你成了"嫁得好"的幸运者,你能保证你嫁的男人不是一个财大气粗的"薄情郎"吗?现在看来,"富贵不能淫"远远要比"贫贱不能移"的人少得多得多。就算你极其幸运地嫁给了一个有财有德的"钻石男人",眼前的幸福生活即使不会如昙花一现,那种仰人鼻息的生活也没有多大意思。

由此看来，女人嫁得好是靠不住的，还是靠自己干得好才比较踏实，干得好又嫁得好当然更好。自己拥有常识和本领、技能和事业，女人就有了自立自强的资本，也就有了获得美好爱情婚姻的基础。那些抱有"嫁得好"幻想的女同胞们，还是唱唱《国际歌》吧！丢掉对迅速过上舒适生活的幻想，脚踏实地，和男性一起角逐，在事业上去精心描绘那一片属于自己的"半边天"。海市蜃楼般的"嫁得好"很美，但是还是含辛茹苦般的"干得好"更保险些。所以，女人不要做依附于男人的藤类植物。

如今大多数女人结了婚，但还有工作。为了处理好这一矛盾，大部分女性还是尽量努力去做到事业和家庭两者兼顾，但还是有不少的女性在这种压力之下为了家庭而放弃了自己的事业，不少为了追求事业的女性则只好牺牲家庭。据调查，在面对事业与家庭发生冲突如何选择这一难题时，大多数女性都选择了家庭，甚至在高学历的女性中，也有近一半的女性选择为了家庭而牺牲自己的事业的做法。

李丽是一位"官太太"，原在一家公司做职员，收益也不错，但结婚后，丈夫不让她出去工作了，她便辞职了。几年来，她一直待在家里，家庭成了她所有的世界。辞职，虽然没有给她带来物质生活的困难，但却给她带来了无形的精神压力，她没有原来的自信风采，对生活也没有了激情。

事实上，女人工作并不全是为了养家糊口，养家的一大半责任还在男人身上。但是女人却不可以不工作，因为工作可以带给她一个正常的人际交流环境，能让她不至于失去自我。对于一部分女人来说，金钱不是她们工作的主要目的，但是有了一份工作后，她会变得很自信，很有魅力，同时生活也将更充实。

想一想，如果每天丈夫在外面工作，而女人守在家里，女人会因为没有出去交流，思想跟社会脱节，那么夫妻可能会没有共同话题！这难道不是幸福家庭的一大隐患吗？

大亮和思思是大学里的同学，两人都出类拔萃，也因此发生了恋情。毕业后，两人成了家，大亮继续攻读研究生，思思则一边工作，一边很自然地挑起了家务，照顾孩子。每当大亮有了一项新发现，望着妻子那满意的微笑，便涌出一股对妻子的爱恋和感激混杂的感情，禁不住说："难为你了。"

渐渐地，大亮在学术界崭露头角。他终日忙碌着准备一篇过硬的学位论文参加答辩，而对思思的辛勤照顾却越来越受之泰然，甚至没注意到妻子做饭洗衣而皲裂的手。有时，妻子看他苦苦思索一个问题而找不到答案时，关心地询问他，想像从前一样帮助他探讨，他发现很难跟妻子说清楚这些过于高深的理论问题，只好摆摆手："算了！让我自己想吧。"思思默默地走到一边去，意识到她与他的距离之差在递增。

有一天，思思忽然宣布了一个令他大吃一惊的消息："我已报名参加研究生考试。""为什么？""不为什么，只是想再进一步。"我们相信思思的选择是迫不得已的事，但对一个不善察妻子心理变化的丈夫，她的报考硕士生无疑是正确的选择。

一个女人要有自己的事业，这样的女人在家庭中才有地位。所以，女人们，为了自己的幸福生活，去为自己争取一份事业吧！

女人依赖男人要适度

曾有人说，小鸟依人的女人离幸福最近！现实中确实如此，不少男人喜欢女人的小鸟依人，希望自己是树，女人是藤，让女人依附，那样自己才像个男人，在让女人依靠的时候，得到满足感。对于女人来说，无论她再怎么独立自强，骨子里仍改不了渴望有个可以依赖的肩膀的心理。没有一个女人不喜欢享受充满温柔情感的关心和呵护。

美国亚利桑那州立大学和杜克大学的3名社会学家发现，近20年以来，美国人与同事、亲友、邻居间的关系日渐疏远，而对伴侣的依赖程度则越来越大。事实上，在我们身边，这样的事情也正在发生着。由于工作繁忙，大多数女人都将自己定位在家与单位中间，很少与他人交往，这样，丈夫就成了唯一的倾诉对象。

对于这一现象，专家也指出，过大的工作压力，容易让人们把婚姻当作唯一的避难所。事实上，过于依赖配偶只会让婚姻受累。

云子和大雨就是最好的例子。

为了让如胶似漆的蜜月无限期延长，云子和大雨每天都双宿双飞。早上一同出门上班，晚上尽可能不加班，两人也推掉了大多数朋友的聚会邀请，能一起做的事，绝不单独行动。他们以为，这样的甜蜜能够持续一辈子……

然而，完全重合的两个圆，终究抵不过外界变化。一年后，丈夫大雨升职做了经理。业绩压力让他不得不加班加点，陪客户应酬，而云子的生活没有太大变化。回家面对空荡荡的房间，她免不了开始胡思乱想，盘问丈夫行踪。弄得大雨不得不从朋友那里寻找慰藉："我现在一回家就紧张，总怕做错什么。劝她也去找些朋友玩，可她还不高兴，说我这是把她往家外推，是不关心她。"

在争吵中过了大半年后，云子越发觉得丈夫变了，先前的甜蜜已经在争吵中消耗得差不多了。这让她很不理解，先前那个爱她、疼她、依恋她的丈夫哪去了呢？苦闷中的云子想到了找朋友倾诉。

朋友听到她的遭遇笑了，她说："爱自己多一点，用有趣的事情充实自己的生活，两人的生活轨迹相交而不是重合，就会好过得多。"回去后云子仔细思考了一下，觉得自己是有些过分依赖于婚姻，结果却伤害了双方的感情。

女人喜欢依赖男人，男人也喜欢女人的依赖，但这一切是要有个度的。聪明的女人懂得，真正的幸福是与爱人共同创造生活，要自己独立才能在婚姻中站得更稳。

有一位妻子太娇弱了，事事依赖丈夫。开始时，丈夫的确是带着爱的感情为妻子服务的，但日子一长，就开始有了疲惫的感觉，最后，丈夫厌烦了。这时候，妻子发现了夫妻间已经潜伏感情危机，而其源头就是自己的依赖想法。为了克服自己的依赖性，她得到丈夫的同意，搬出家庭生活了一段时间，每样事情都得单独靠自己去做，体会到了劳动的价值和快乐。

数月后，当夫妻重新见面时，丈夫发现妻子与以前相比判若两人，她变得积极、热情、勤劳、善于体贴人。一种幸福的感觉笼罩在这对夫妻的心头，他们的爱情重新复苏了。

要加强夫妻之间的爱，加深婚姻的深度、浓度，就应当懂得不要过分依赖对方的道理，而应把独立、自尊、关怀、体贴作为爱情的营养剂。婚姻的确能够为女人的生活带来变化，比如温暖、充实、富裕，可是真正稳定和自信的婚姻也是建立在人格平等独立的基础之上，两个人相互需要、相互帮助。如果只是单边的需要和帮助，难免破坏爱情的根基。

有人说，婚姻中的女人如果过分依赖丈夫，就会像一枝葛藤缠绕了栎树。葛藤的命运随着寄主而生活，而做这寄主的栎树却被她侵害于无形。对于一切依赖丈夫的妻子，有的丈夫可能会看做是一种荣耀，但恐怕多数的丈夫就会觉得是一种沉重的负担，产生厌倦的情绪。

女人要清楚依恋和依赖之间的区别，依恋来自于对自己所爱的人的钟情，表现为一种彼此眷恋、相互牵挂的美好感情；依赖则是一切仰仗于别人，如在经济上、生活上坐享其成，不劳而获，以及在思想上不动脑筋，对丈夫唯命是从。

依恋是事业上的相互支持，生活上的同舟共济，它是来自对爱的人钟情，是一种美好、醇香的感情。在妻子眼里，丈夫是一座大山，是忠诚、坚强、可靠的。在遇到困难时，他能帮你排忧解难；在彷徨的时候，他能给你忠告和指点。但是，凡事都要依靠丈夫，一定要和丈夫形影不离，就成了依赖。

做妻子的依赖丈夫，就是把自己放在了次要、附属的地位之上。她们可能不知道，事事依赖丈夫的结果，不仅无法巩固、加深丈夫对自己的爱情，反而会削弱、摧毁丈夫对自己的感情。

但是，有些女人认为自己依靠男人，是无可厚非的。然而，再坚强的男人都会有脆弱的时候，再刚硬，也会有疲惫的时候。当他们疲惫、失落的时候，他们又该怎么办？他们是否还能一如既往地让你依靠？是否会不厌其烦地为你遮风挡雨？

这里有个故事，能告诉你答案。

他曾经是那么无比的爱她，她长得娇小可爱，柔情而又妩媚。她事事依赖他，几乎离了他就活不了，他也热衷于对她的呵护。他时刻表现出大男人的果断，她则时刻表现出小女人的温顺。他说，她听；他满意，她高兴。

在两个人结婚之后，他发现妻子以前万事不拿主意，并不是她让着他，爱着他，而是她并没有主意。不管大事小事，她都要让他来决定，就连吃什么水果，看什么电视，也要让他说了算，否则，就是不吃，不看。甚至她穿什么衣服出门，都要征求他的意见，因为她觉得他的审美观要比自己的好。她的一切喜好都随着他。

他在外忙着，她在家闲着。家里的水管坏了，燃气打不着了，总是他回家后，让物业来人处理。她躲在他背后，快乐地看着那些工人不费吹灰之力地把管道修好。

"不懂""不会"是她的口头禅，因为她觉得他什么都懂，什么都会。即使天塌下来，他也会为她扛着，用不着自己操心。

这样的情况下，只有一个结果，那就是他们的爱情中，他主动，她被动。终于有一天，他感到累了，他对妻子失去了耐心。当她娇滴滴地问他，新买的被子放在什么地方的时候，他大吼："我不知道！"然后摔门而去。她不知道自己哪里做错了。一直以来，不都这样吗？

他几天没有回来，她不知所措。不知道没有他，她该怎么过。她害怕失去他，但又不知道如何得到他。

一个女人如果太不独立，就很容易听从和接受别人的意见，久而久之，很容易形成一种依赖心理。若在尊重别人意见的同时，保持一份自己的独立和主见，这样的女人就会让男人感到轻松，而不是难缠。

　　自己能做的事，为什么要处处依赖他？他高兴的时候便罢，若他不高兴了，你又依赖谁？

四、生活的自立,要热爱你所选择的生活

在生活中,女人们要学会自立。也许女人们习惯于依赖他人,其实依赖本身并没有什么可怕之处,但其结果是极为严重的,甚至需要付出一生的代价。特别是在婚姻生活中,很多女性在结婚后觉得老公是自己一生的依靠,所以就理所当然地放弃了工作,全心全意地做起全职太太。然而,时间一久女人和老公自然难免出现矛盾。

用自己的劳动创造幸福

在现实生活中,多数情况下,幸福与工作好像没有什么联系。相反,人们似乎只有在工作之外才能找到快乐。下班之后、双休日、节假日,才是一天、一周、一年中的快乐时光。当然,快乐是需要钱的,为此就必须工作,工作的价值似乎只是为工作之外的快乐买单。

泰戈尔在《人生的亲证》中写道:"我们的工作日不是我们的欢乐日——因此,我们要求节日,我们在自己的工作中不能找到节日,所以我们是不幸的。河流在向前奔腾中找到它的节日;火焰在熊熊的燃烧中找到它的节日;花香在大气的弥漫中找到它的节日,但是我们每天的工作中却没有这样的节日,这是因为我们没让自己解放,因为我们没有愉快地、完全地将自己献身于工作,以至于让我们的工作压倒了自己。"

工作本身不幸福,幸福只在工作之外,这种情况相当普遍,但其实并不正确。

詹姆斯·爱伦被誉为20世纪"人文科学领域的神秘者""最伟大的心灵导师",他每日环顾世界,冥思苦想,终于发现"劳动就是生命"这条与真理一起孕育出来的原则。詹姆斯·爱伦认为:劳动是抚慰世人内心痛苦的疗法和引领众人步入成功的法则。劳动是一件幸福的事情,劳动本身很高尚。无论是脑力劳动还是体力劳动,都是生活的根本。劳动越丰富,生活就越丰富。脑力劳动者、思想原创者、永不停息地进行脑力活动的人是这个世界上生命力最持久的人。参加农业生产的体力劳动者、园丁、永不停息地进行体力活动的人，其生命的持久性仅次于前者。所以说，工作即是幸福，工作就是人生的价值、人生的欢乐，也是幸福之所在。

在欧洲的某个山谷里有一个幸免工业革命侵入的阿尔卑斯山区，那里仍存在着原始形态的社区。这个地区最引人注目的特色是，居民的工作与休闲几乎无从区分，你可以说他们每天工作16小时，也可以说他们从不工作。意大利境内阿尔卑斯山区瓦欧斯塔的川达兹桥村，有位76岁高龄的老太太沙拉菲娜，每天清晨5点起床，为母牛挤奶。她煮好多份早餐，整理好屋子以后，视天气和季节而定，或把牛羊赶到草原上放牧，或照顾果园，或梳理羊毛。夏季时，她用几星期的时间在草原上割牧草，然后把一大捆的干草顶在头上，徒步走几英里路，搬回自己的谷仓。如果走捷径只用一半的时间，但她为了保护山坡，减少人为的侵蚀，宁可走人迹稀少的曲折山路。晚间她可能看些书，讲故事给曾孙子听，或为到她家开舞会的亲朋好友演奏手风琴。

若问沙拉菲娜生活中最大的乐趲是什么，她会毫不犹豫地回答：帮母牛挤奶、放牧、在果园剪枝、梳理羊毛……事实上，她的乐趣完全在于她一辈子赖以谋生的工作。套用她自己的话："这给我极大的满足，到户外去，跟人聊天，跟养的牲口在一起……我跟每个人说话——甚至是植物、鸟、花、动物，我觉得浑身舒畅、快乐；累了得回家真是一件不幸的事……即使工作很忙，一切仍是美好的。"

若问她，假如把全世界的时间和金钱都给她，她要做什么？沙拉菲娜笑了起来，把上面的话重述一遍：替母牛挤奶、赶牲口去草原、整理果园、梳理羊毛。沙拉菲娜对都市生活并非一无所知,她偶尔也看电视、阅读新闻杂志。她有很多年轻的亲戚住在大城市里,生活很富裕,拥有汽车、各种家电,每年出国度假。但他们时髦而现代的生活方式,对沙拉菲娜毫无吸引力。她对自己扮演的角色,既满足又平静。

工作是我们生活中最重要的部分。人要追求幸福的生活,就必须工作。如果盼望不工作而幸福,那一定是空虚而没有希望的。

有这样一则寓言故事:

一个玩具士兵成天打瞌睡消磨时光,越过越烦。

"嘀嗒、嘀嗒……"闹钟每分每秒都欢快地歌唱,它对眼镜说:"我要把快乐之道告诉玩具士兵。"

"我觉得,切身体会胜过千言万语的说教。"眼镜说。

于是,闹钟告诉玩具士兵:"邮局正招收邮递员,你去试试。到时,你会和快乐手拉手。"

玩具士兵欢快地吹着口哨,下班回来。"我知道了——无所事事难以快乐,能工作就是幸福!"

伏尔泰说:"工作可以赶跑三个魔鬼——无聊、堕落和贫穷。"

无所事事难以快乐,这不免又让我想起石油大王洛克菲勒给儿子的信中的一个故事。

在古老的欧洲,有一个人在他死的时候,发现自己来到一个美妙而又能享受一切的地方。他刚踏进那片乐土,就有个看似侍者模样的人走过来问他:"先生,您有什么需要吗?在这里您可以拥有一切您想要的——所有的美味佳肴,所有可能的娱乐及各式各样的消遣,其中不乏妙龄美女,都可以让您尽情享受。"

这个人听后，感到有些惊奇，但非常高兴，他暗自窃喜：这不正是我在人世间的梦想吗？于是每天他都品尝各种佳肴美食，同时尽享美色的滋味。然而有一天，他却对这一切感到索然乏味了，于是他就对侍者说："我对这一切感到很厌烦，我需要做一些事情。你可以给我一份工作做吗？"

侍者却摇头说："很抱歉，先生，这是我们这里唯一不能为您做的。这里没有工作可以给您做。"

这个人非常沮丧，愤怒地挥动着手说："这真是太糟糕了，还算是天堂呢！那我干脆留在地狱好了！"

"您以为您在什么地方呢？这里就是地狱。地狱与天堂的唯一区别就是没有工作！"那位侍者温和地说。

由此可见，失去工作就等于失去快乐。但是令人遗憾的是，有些人却要在失业之后，才能体会到这一点。在这个金融风暴席卷全球的年代，企业随时倒闭，公司随时裁员，每一刻钟甚至每一秒钟都有人沦落到浩浩荡荡的失业大军中。而你能拥有一份稳定的工作和收入，这简直就是一种令人羡慕的幸福。

还有很多人把工作看成是苦差事，尤其是做自己不喜欢的工作，更近乎是一种折磨。然而，你想过没有，一旦没有任何事情可做的时候，你不仅不能感到愉悦，反而会感到更加痛苦。爱尔兰作家巴克莱说："幸福有三个不可或缺的因素，一是有希望，二是有事做，三是有人爱。"有事做不是造成不幸的因素，而是使你幸福的一个不可或缺的要素。

工作，支撑起一个人的生活，支撑起一个人的人生。无论你处于何种环境、从事何种工作，都可以使自己幸福或不幸福，关键是你工作着，是否快乐着。我工作我幸福，工作着就是幸福的！理由很简单：一个懂得用劳动创造一切的人最幸福。

一分耕耘一分收获

聪明来自勤奋，知识在于积累。一个人要想在工作和学业上取得成就，养成积累知识的良好习惯是非常必要的。知识的海洋是无边无际的，而我们每一个人的知识是有限的，要想增加自己的知识，丰富头脑，就必须发扬蜜蜂采花和燕子垒窝的勤奋精神。

勤奋就要有钻研精神，持之以恒，不怕困难，不怕挫折。勤奋是中华民族自古以来的传统美德，无数事例为人们称道，车胤"萤入疏囊"是勤奋；孙康"雪映窗纱"是勤奋；祖逖"闻鸡起舞"也是勤奋，勤奋使他们最终都成就了一番伟业。

"一分耕耘，一分收获"，一个女人，只要不怕吃亏，多付出一些、多勤奋一些，必定会收获更多。然而，时代在进步，女人的思想观念也在进步，过去这种用勤劳换得成功的观念被许多女人遗忘在脑后。一些年轻女性工作起来，总害怕吃亏，宁可少做一点，绝不多做一分。工作中，只要比别人多做那么一点，就好像吃了很大的亏似的。实践证明，女人成功的关键还是在于其勤劳的程度。

没有耕耘，就没有收获，女人唯有勤劳一些，方能比别人收获更多。无论在什么时候，这个道理都行得通。因而，做一个聪明的女人，要不怕吃亏。

四、生活的自立，要热爱你所选择的生活

比别人多一些付出，只要能够坚持下去，不断积累，相信终有一天，会得到回报。要是不相信的话，就看看下面的故事吧！

余言是某金融公司的行政部主任，她能够走到今天的位置，是付出太多努力换来的。6年前，她怀着美好的梦想走进这家公司，暗暗下定决心一定要在这里大干一番。可是，当她刚刚走上岗位，就明白工作比想象的更辛苦。

办公室里就她一个新人，每天大家都在找她帮忙："小余啊，帮助我把打印机开一下吧。""小余，我的办公用品用完了，去帮我领一套吧！"每天都有很多人找她。因为她是新人，大家都使唤她。而她一听别人的要求，都会笑呵呵地答应，并迅速做完，并没有觉得有什么吃亏的。大家看她人挺和善的，也就继续把一些"苦差事"交给她。后来，公司甚至把没人愿意去的培训、出差、进修等任务都派她去。出差苦，大家都知道，所以大伙都怕出差。她当然也知道，然而，每次接到这样的任务，她都没有叫苦叫累，从来没有抱怨过。她认为，这些恰好是提升自己能力的机会。

曾经有一段时间，她和男朋友的关系很紧张。她每天都要加班到很晚，就是周末也不例外。男朋友觉得她很辛苦，就让她不做了，可是，却被她拒绝了。在公司里，她就是一头"小黄牛"，无论哪个部门只要有事都会想到她。长时间的付出，她学到了很多的知识，包括其他部门的工作范畴。她的勤劳，让她成为公司的"全能"人物。前不久，公司开始人事改革，推出竞争上岗机制，她一下子成了公司的"红人"。业务部总经理找上门来请她过去。当然，办公室也不想放她走，打算提升她为部门主任。现在，她成了不折不扣的香饽饽。后来，继续留在行政部，顺理成章地成为部门主任。

在这个案例中,余言初进公司便被同事指派干这干那,当"杂役工",继而又被委派培训、出差的事情。面对大大小小的事情,她不怕吃亏,勇于付出自己的辛勤劳动。正是这些付出,让她学到了许多有用的东西,同时,还为自己赢得了良好的人际关系,为自己日后的提升奠定了坚实的基础。

由此可见,多付出自己的勤劳,并不都是吃亏,只要能够坚持下来,相信一定可以得到好的结果。

成功需要刻苦努力。作为一个普通人,你更要相信,勤奋是检验成功的试金石。即使你天资一般,只要勤奋努力,就能弥补自身的缺陷,最终会成为一名成功者。

母亲在赖斯幼年时对她进行了孜孜不倦的音乐教育。赖斯四岁时,掌握了一些曲子,开了第一个独奏会。

在赖斯家里,她的家人始终相信这么一条真理:只有当孩子们做得比白人孩子高出两倍,他们才能平等;高出三倍,才能超过对方。他的父母不止一次地告诉她,外面的世界有很多发展的机会,但只有勤奋学习,才能够得到回报。他们甚至这样给她说:"你可能在餐馆里买不到一个汉堡包,但也有可能当上总统。"

赖斯一直都很相信父母的话,以后的日子里,她向着"加倍地好"这个目标继续努力。首先是在运动方面。除继续学习钢琴外,她还开始学习网球和花样滑冰,且做得都很出色。

不久之后,她发现了新的目标。那门课是"国际政治概况",那节课主要讲的是斯大林,教授是前国务卿玛德琳·奥尔布赖特的父亲约瑟·考贝尔。"这一课程拨动了我的心弦,"她后来说,"这就像恋爱一样……我无法解释,但它的确吸引着我。"考贝尔博士被她的聪明和激情所感染,鼓励她到该校

四、生活的自立，要热爱你所选择的生活 | 069

国际关系学院读书。考贝尔成为赖斯生活中的"智力父亲"。

之后，赖斯又开始学习政治科学和俄语，但同时她并没有为此关上学习音乐的大门。这种背景使她最终成了一个为数不多的学音乐出身的政府高官。俄语被称为"需要十年才能学会的语言"，但她通过勤奋学习，很快便掌握了俄语。

1977年夏，出于作研究的需要，赖斯在国内进行了一次长途旅行。同时又在国防部担任实习生，在五角大楼工作了很长一段时间。她也有了更多的机会开始了解美国的军事机构。凭借她的勤奋，赖斯终于打进了白宫。

勤奋就是"比别人多做一点"，它有时是一种勇气，是一种智慧，也是走向成功的一条准则。多做一点，那么我们就离卓越更近一点。人生没有可供你驻足的港口，自我本身永远是一个出发点。无论何时何地，只要创造就会有收获。也许你的投入无法立刻得到相应的回报，请不要气馁，我们应该一如既往地"比别人多做一点"。这样，回报可能会在不经意间如约而至。

我们要记住，只要树立自强不息的进取精神，才能证明生命的存在；只要我们在平凡的岗位上坚持"每天多做一点"，你就将置身于"柳暗花明又一村"的境界。

勤奋是无数卓越人士和组织极力秉承的理念和价值观，被许多著名企业奉为圭臬。勤奋是指：在工作中，要比别人"看得更远一点、做得更多一点、动力更足一点、速度更快一点、坚持的时间更久一点"。它体现的是一种积极、主动的精神，一种坚忍不拔、永不放弃的意志，一种行动迅速、做事准确的能力。我们每一个人都是世间的凡夫俗子，只要耐心播种"一方桃李"，必会收获"满园春色"，但关键在于你是否勤奋。

女人不做他人的附属品

　　身为女人一定要有自己的世界，有自己的生活圈子。还有就是不能做男人的附属品，经济和思想都得独立。就算哪天不能过了，你还能照样活得好好的。

　　在这个世界上，女人为爱而生，为爱与被爱而活着。钱钟书说得微妙：女人把看守住丈夫作为自己的职业。如果有一天没有丈夫可守，对于一个女人来讲，就等于失业了。他一语道破了爱情在女人心中的位置。妻子的爱别致、动人、令人感怀，她为世界增添了亮色和情趣。妻子以的疯狂爱着自己钟情的丈夫，以牺牲自己来不顾一切地爱护、支持和成就丈夫。那些获得巨大成功且情深意重的男人，体会最深的一句话莫过于：一个成功的男人身后总站着一位伟大的妻子。

　　但是，如果把自己的全部心血与希望一点不剩地都放在一个男人身上，差不多是在拿自己的命运开玩笑。如同玩股票、上赌场一样全靠运气，输赢全由不得自己。

　　丈夫若在功成名就之时，依旧能做到"糟糠之妻不下堂"，且能共享一个"军功章"无疑是为妻的造化。然而，生活中不乏有"人一阔，脸就变"的人，有"做了驸马爷，不认秦香莲"的陈世美。要是遇上一个背信弃义的男人，老公的成功之时可能也就是妻子大祸临头之日，那时怕是再恨再悔也于事无补了。

其实，夫妻二人毕竟是两个相对独立的人，丈夫终究不是妻子。即使你嫁了一个"如意牌"郎君，他也只是你生活中的一部分，而不是你生命的全部。男人的明智就在这里，他把事业看得很重，他进有进路，退有退路，握有主动权。所以，女性朋友们也不必把命运这个宝押在男人身上，而要凭借自己的力量、才智去挣扎苦斗，去生存立世。这里我们不是教唆女人不尽为母之职，不尽为妻之道，不尽敬老之责。而是要说明这样一个道理，成家尚未立业的妻子，千万不要只埋首于相夫教子，而忽略了自己素质的提高和进步，与丈夫、孩子共勉、同步，做到家庭事业兼顾，才能避免女性的悲剧，才是女人最好的出路和前途。

四位年轻漂亮的太太在咖啡厅偶遇，闲暇无聊之时，四人谈起自己与丈夫之间的生活。甲太太是四个女人中最贤惠温柔的一位。她有着良好的教育背景，但在结婚后却成了一名百分之百的家庭主妇。她说："我认为要管住深爱的男人，就是先要管住他的胃。我每天都变换着做各种美味佳肴，希望他每天都能准时回家品尝我给他烹饪的美味。最初他每天都很幸福地回家品尝我做给他的佳肴并感谢上天恩赐了这么善良的老婆给他。时间长了，他不再眷恋我的佳肴，不再称赞我的美食，我们的婚姻也慢慢地迈入了死亡的边缘。"

乙太太是一位颇有心计的女人，虽然学历不高，但她深知什么是男人的命脉。她说："管住男人的胃只是一种肤浅的做法，要想真正地掌握住他，就应该抓住他最后的资本——钱。也许你们会觉得我这样做有些狡猾，但抓住男人的钱是最绿色的环保方法。男人一旦没有了钱，他还能做什么？就像我家那口子，现在还不是老老实实地干着他的规矩事，即使有点什么歪念头，也没有能力去做。现代社会没有了钱能做什么事情啊?"

丙太太是最漂亮也是最受委屈的一位。在谈恋爱的时候,她是四个女人中最甜蜜幸福的一位,但结婚后她是最早告别婚姻的人。谈到伤心处,她有些哽咽地说:"自从与他恋爱起,我就认为他是我的唯一。我很关心他什么事情都给他打理得顺顺当当,甚至连他每天要穿什么颜色的内裤都给他安排得规规矩矩。我这样尽心尽职,可他还说我完全控制了他的生活自由。我和他之间就因为这个原因结束了婚姻。"

丁太太是四个女人中姿色最逊、学历最低的一位,但在婚姻生活里她却是最幸福的一位。她说:"我没有任何管住男人的方法和手段,只知道尽量地在生活中找回我自己。婚姻只是我生活的一部分,我没有为了婚姻而丢失了自己。所以,我从来不会约束对方,而是将那份约束他的心更多地用到我真正该用的地方。"

在听了丁太太的话后,其他三位都沉默不语。无疑,丁太太是一位聪明的女人,她洞悉了婚姻的本质。

世界上并没有长久的东西,管住男人的胃、钱和人只是一种表面的手段,就在你暂时拥有了的同时,往往却将自己迷失在婚姻的陷阱里面。善于经营婚姻的女人,不是把自己的生命和幸福全押在上面,而是更多地为自己而活,为自己的快乐而快乐,保持份乐观、豁达的心态。让自己永远都宠辱不惊,闲适优雅。

女人们要记住,你不是谁的附属品,从来都不是。虽然你是女人,但你千万不要忘了,你也是一个人格完全独立的人。对于每个独立的个体来说,当别人不需要你的时候,你还是你,本身并没有失去或改变任何东西。

所以,不要再把你曾经的付出作为后悔哭泣或者做傻事的理由，你不要忘了，没有人强迫你去付出什么，一切都是你自己的意愿。你是一个成年人，要懂得为自己的行动负责。而不是抱怨。你要不要付出完全是你自己的决定，是你自己的选择，是你自己的事情。同样，别人是否付出也是人家的事，别人没有权利要求你，你也没有权利要求别人。

或许你带给过别人快乐，别人也同样带给过你快乐，所以很多事情没有绝对的对与错，值与不值，不过是同行的伙伴到了十字路口各自继续自己的路而已。而人生最重要的本来就是一个过程，而不只是一个结果。

人生是一条蜿蜒而曲折的小路，路上总会遇到各种各样的风景和各种各样的岔口。当我们走了一段的时候，要经常停下来去面临新的选择。也许你和同行的人会选择下一条路继续走下去，或者会选择不同的道路各自分开。如果不得不分开，也请微笑着和他说再见，并感谢他曾经与你同行，不管是开心还是不开心，最终都只能变成一段记忆，因为前面的路上你还会遇到更多的同路人。

女人们要明白，这一生当中你遇到的每一个人，其实都是一道独立的风景，或者繁华，或者荒凉，或者美丽，或者残缺。但无论是什么样的景色，你都不能带走，也无法改变。但你不要担心，因为前面还有更多更好看的风景在等着你，可能是似曾相识，也可能完全陌生。但这又有什么关系呢？重要的是，一切都欣赏到了，也都领略到了。你的人生因此变得更丰富了，其实这就够了。

女人要认识到：你是一个独立的个体，你不是谁的附属品。你要活出自我，做一个生活自立的幸福女人。

培养自己的微笑

若问天底下谁的微笑最美,不必费心猜测,答案当然是女人的微笑。

女人的微笑最美、最有吸引力。当男人与女人吵架时,只要女人开始微笑,立刻就能化解敌对的气氛,让两个人的关系变得和谐而甜蜜。当有人心情不好时,只要出现了女人的微笑,立刻就能让乌云变成彩虹,连空气都有了幸福的味道。

当有困难无法解决时,只要有女人的微笑,立刻就能让一切问题迎刃而解,再痛苦的事都会变成快乐。微笑是快乐的最直接表现,微笑可以拉近人与人之间的距离。在一些不熟悉的场合,当别人友好地看着你时,你微微一笑,那么人与人之间的关系就不会显得紧张,反而会变得自然。这种属于淑女型的微笑,最易使人产生好感。一项调查询问数百位男士:"你最喜欢的女人脸部表情是什么?"答案89%是微笑。

津巴布韦的乔伊夫人在巴克莱银行负责公共关系。她的办公桌就放置在银行大门口内进口处的右边。她总是面带微笑,不厌其烦地解答顾客遇到的各种问题。在她的办公桌上,有一篇用镜框镶起来的题为《一个微笑》的箴言:"一个微笑不费分文但给予甚多,它使获得者富有,但并不使给予者贫穷。一个微笑只是瞬间,但有时对它的记忆却是永恒。一个微笑为家庭带来愉悦,为同事带来友情。它也能为友谊传递信息,为疲乏者带来休憩,为沮丧者带来振奋,为悲哀者带来阳光,它是大自然中消除烦恼的灵丹妙药。然而,它却买不到,借不了,偷不去。因为在被拥有之前,它对任何人都毫无价值可言。有人已疲惫得再也无法给你一个微笑,那就请你将微笑赠予他们吧,因为没有一个人比无法给予别人微笑的人更需要一个微笑了。"

微笑是块金字招牌,你要时刻带在身上。女人的每一个表情都像是一幅画,微笑的女人,那种发自内心的喜悦,喜上眉梢、眼角、唇边无处不在,使原本平凡的面孔也焕发出光彩,令人如沐春风。

微笑是欢愉、诚意、真情的表露,微笑中透出真诚,能体现女性的淳朴、坦然、宽容和对人的信任,涌流着心灵的真善美。真诚会心的微笑,能给人温馨,能使人际间的距离迅速缩短,使人与人之间的怨恨情绪冰消雪融。

微笑蕴含着丰富的含义,同时也传达着动人的情感。微笑会使人感到亲切、安慰和愉悦。女人的妩媚,尽可蕴含在无言的微笑之中。可以说。凡是微笑的女人都是迷人的。而且,女人的微笑也是最动人的,所以,我们应该经常保持微笑。

如果你每天上班给领导一个微笑,领导本来板着的脸就会由阴转晴;你如果给上班的同事个微笑,你的同事也会和你一样开心每一天。

一个女人最动人的谈吐首先是永恒的微笑。难以想象一张在板着的、怒气十足的、凶悍的脸会是美丽的。女人最美的表情是微笑,男人向来都十分迷恋这种微笑。在生活中一个友好、真挚、楚楚动人的微笑,必将散发出无穷的魅力。

微笑,不用花上一分一文,产生的效果却是很大的。得到微笑的人,可能会因此更加富足,给予别人微笑的人却不会因此而变得贫穷。微笑只是短短的一瞬,但是它留下的记忆有时却能永存。

微笑是沟通彼此心灵的钥匙,微笑能打开人们心灵的窗户。微笑是盛开在人们脸上的一朵美丽的花,时时刻刻散发着迷人的芬芳。心烦意乱时,别人一个鼓励的微笑,会使你心平气和地走出颓废的低谷;发生矛盾时,彼此一笑就能"化干戈为玉帛";亲朋好友分手时,彼此赠送一份恋恋不舍的微笑,就蕴含了美好的祝愿与悠长的牵挂;与陌生人同行时,对方微微一笑,就能减少拘束,让彼此容易沟通、交流。

心理学告诉我们:外部的体验越深刻,内心的感受越丰富。也就是说,有了外部的"笑容"也就有了内心的欣喜。每天晚上对镜中的你笑上几分钟,然后含笑而眠;早上起来,心中默念"嘴角翘,笑笑笑",你会发现因为有了笑容,也就有了好心情。

美国的希尔顿饭店横贯五洲,是世界上最富盛名和最有财力的酒店之一。董事长唐纳·希尔顿认为是微笑给希尔顿带来了繁荣。

为什么希尔顿这么重视微笑呢?许多年前,一位老妇人在希尔顿心情不好的时候去拜访他。希尔顿不耐烦地抬起头,他看见了一张微笑的脸,这张笑脸的力量是那么不可抗拒。希尔顿立即请她坐下,两人开始了愉快的交谈。

在交谈中,他发现老妇人真的是那么慈祥,她脸上真诚的微笑完全感染了他。从此,他把"微笑"服务作为饭店的宗旨。每当他在世界各地的希尔顿饭店视察时,总会问员工:"今天,你对客户微笑了吗?"

因此他要求员工不管有多么辛苦,多么委屈,都要记住任何时候对任何客户,都要用心真诚地微笑。即使是在 20 世纪

30年代的大萧条中——各行各业的每个人脸上都挂着愁云惨雾的时代，希尔顿的员工仍然用自己的笑容给每位客户带去阳光。大萧条过后，希尔顿饭店率先进入了繁荣期。

唐纳·希尔顿总结说，微笑是最简单、最省钱、最可行也最容易做到的服务。更重要的是，微笑是成本最低、收益最高的投资。

老妇人的微笑成就了一个成功的企业。所以说，微笑具有神奇的魔力，它能够融化人与人之间的隔膜和芥蒂。同时，微笑也是你积极向上和乐观热情的标志。所以，在与人交往时，记住带上你的微笑，因为如此轻而易举的事情，却会给我们的人脉王国带来无穷的益处。一旦你展现出真诚温暖的微笑，你就会发现，你的生活从此就会变得更加融洽美好，而人们也会更喜欢享受你那阳光灿烂的微笑。

就像有人所说的，在人生的旅途上，什么行李都可以不带，但不能没有微笑。微笑不受岁月的侵蚀，每一次微笑都是新感觉，这种感情传给他人，会印在别人的心里，当躯体衰老时，微笑却能永葆青春的色彩。

确实，微笑在人们的生活中有着不可低估的力量。它可能创造人际关系的奇迹，同时也改变着你自己。

如果你要改变自己，重塑迷人的魅力，就应该从两方面着手：一是心态，二是行为。

心态，就是你对待事物的心理态度，这因人而异。有的人乐观向上，有的人消极悲观，你的改变就是要保持乐观向上的心态，抛弃消极悲观的心态。

你如何才能学会微笑呢？下面的经验你不妨试试：

1. 让带来轻松愉快的事情围绕着你。
2. 在办公室里摆放难忘假日的照片，或者你最喜欢的宠物的照片。这些照片可以使你从日常工作中得到片刻的休闲。

3. 消除或减少负面消息对你的影响。了解世界各地的新闻是很重要的,这样可以使你的注意力从负面消息上转移。

4. 每天在你的周围寻找幽默和欢乐。如果你遇到交通阻塞,你可以假装自己正处于电视情景剧中,使用可笑的虚构形象,看他们在你的节目里如何表演。这个练习可以让欢乐取代压力。

5. 学会对自己笑。人与人之间最难的是一个可分享的微笑,即使你是一个人微笑。一旦你学会这一点,人们将喜欢你,并与你打成一片,生活将变得更轻松。

女人们,学会微笑吧!它不仅是一种心理上的放松和坦然,更是种自尊、自爱、自立、自信的表现。微笑是成功者的自信,是失败者的坚强。微笑是人际关系的黏合剂,也是化敌为友的良方。微笑是对别人的尊重,是对爱心和诚心的一种礼赞。

女人要为自己而活

在大森林里的一个湖中,住着一位无忧无虑的水仙女。她爱上了一位英俊的王子,为了变成人到人间去和王子相会,她只好去求助女妖。女妖对她说可以满足她的要求,但必须以变成哑巴作为交换,同时,一旦她失去王子的爱就必须永远以半人半妖的姿态生活在湖的最深处,而且王子也将失去生命。历尽艰辛水仙女终于来到人间,而且如愿地与王子相爱了。但是,就在他们举行婚礼的那一天王子却爱上了一位公王,这使来自邻国的水仙女痛苦万分,只好遵守诺言变成半人半妖地回到湖水深处。

不久,王子后悔了,他来到湖边呼唤水仙女,并请求得到她的原谅,但一切都已经晚了,虽然王子忏悔地亲吻了水仙女,但最后还是死在了湖边。

水仙女抱着王子的尸体,伤心欲绝地沉入了湖底。

我们伤心地看到歌剧中的水仙女为了爱情而变成人,为了和深爱的人在一起,不惜抛弃自己仙女的身份,变成凡人去爱,结果却是飞蛾扑火一样的结局。那么,现实生活中的女人又在为谁而活呢?为自己,还是为男人?

为男人而活的女人是多情的女人,是一个在老公面前忘我的女人,是一个只会奉献的女人,是大多数男人喜欢的女人。她们把自己的青春和情感寄托在一个男人身上,抱着嫁鸡随鸡、嫁狗随狗的思想,打算和这个自认为很满意的男人、白头偕老。

这种女人的全部生活都是围绕着她的男人转,比如逛商场时不先看自己的衣服,而是先给她的男人挑选,她们和同事朋友在一起的时候,嘴里从来都离不开自己的男人。在她们的心中,自己的男人是最优秀的。为了自己的男人,她们什么事情都愿意做,甘愿默默地奉献着自己的一切。

随着岁月的流逝,她们的容颜和青春不在了,她们的男人却依旧魅力十足,甚至在她们的滋润下,过着老爷一般的日子,家里的大事小事从来不需要操心,只需要每个月定期地交上工资就可以了。而女人却因为生活的重心全部放在男人身上而失去了自己的人生方向,她们甚至放弃了自己多年的爱好和习惯,放弃了自己原有的生活和朋友,像一朵盛开争艳的玫瑰,把最美的东西奉献给了别人,自己却在慢慢地枯萎。

其实,为家庭为男人而活的女人并不聪明,她们以为全心付出就会有相应的收获。这种女人一旦结婚成家后,她们的家庭责任感会远远高于男人。丈夫就是她们的天,家庭孩子是她们的一切。她们每天都忙忙碌碌,没有时间和精力来打理自己——头发好久都没有做了,衣服还是结婚的时候买的,一双皮鞋已经穿了很多年,样子早已经不是现在的时髦款式。当她们在忙碌中抱怨的时候,皱纹和内分泌失调已经不知不觉地找上门来。老公抱怨他们的女人没有当年温柔,动不动就河东狮吼,甚至说自己的女人不知什么时候变成了一个黄脸婆。所以说,这种女人是很笨很蠢的女人,相反,这种男人就是最坏最恶的男人,他们耗尽了女人一生的心血和青春,然后将其抛弃。

齐旗的家境不是很好,兄妹又多,中专毕业后回到家乡当了一名教师,后来受人排挤离开了校园。离开校园的她嫁给了一个大她三岁的男人,男人再外面做生意,一年也回不了几次家。

后来她有了一个女儿,这使她在那个重男轻女的家里彻底失去了地位。她的婆婆对她的态度越来越恶劣,丈夫回家的次数也更加少了,后来听说丈夫在外面有了外遇,要和她离婚。

离婚后,齐旗自己带着孩子很困难,别人都劝她再嫁个人,一个女人带个孩子不容易,可是她不同意,她怕"后爸"对孩子不好。凭着中师毕业的资格,她在家办了个幼教班,收了几个学生,以维持生活。30岁的女人,看起来异常苍老,她常说:"我这辈子什么都没有,就指望我闺女了。要是没有她,我早就不活了。"她是个实实在在的好女人,现在为了孩子,以前为了丈夫,给自己留下的生活空间却越来越小了,终于失去了自我,也远离了幸福。

现在,如果有人再问,女人到底为谁而活,其实答案已经很简单了。女人应该为自己而活,当你的容颜和青春不在的时候,你拿什么来维系你的婚姻,拿什么来牵制你的男人?所以说,女人还是应该有自己的事业,有自己的头脑,有自己的主见,关键还要能够把握自己的命运,知道自己想要什么、想做什么和想追求什么。

当然,不是说女人的奉献精神不好,而是说女人在关爱孩子和丈夫的时候不要把自己给遗忘了。聪明的女人为别人而活,更为自己而活,她们绝不会把一切的一切全部投注到一个男人或孩子的身上,她们知道怎样才能活出自己的价值。

聪明的女人懂得生命是自己的,要为自己而活,以自己的本色活着,就是对生命最大的尊重。相信这句话,你不要去为任何人而活,包括你爱的人。你可以为他献出生命、牺牲一切,但一定要自强。当爱情来了的时候,不够聪明的女人就变成了智力"低能儿",把自己的全部身心都交给了那个自己以为可以托付一生幸福的男人。而聪明的女人不会让自己变成弱智,而是会保持自强的本性,她们懂得怎样才能让自己得到对方的珍惜。

热爱勤奋，收获良多

爱因斯坦曾经说过："在天才和勤奋之间，我毫不迟疑地选择勤奋，她几乎是世界上一切成就的催生婆。"齐格勒说："如果你能够尽到自己的本分，尽力完成自己应该做的事情，那么总有一天，你就能够随心所欲地从事自己的事情。"反之，如果你只是凡事得过且过，从不努力把自己的工作做好，那么你永远无法达到成功的顶峰。

鲁迅的成功"是把别人喝咖啡的时间都用在工作上"；爱迪生的成功是"百分之一的灵感加上百分之九十九的血汗"；爱因斯坦的成功等于"艰苦的劳动＋正确的方法＋少说空话"……每一个成功者的辞典里，都把"勤奋"放在首要位置。勤奋是成才之路。无论什么人，天资聪慧者也好，天资欠佳者也罢，要想成才都必须勤奋。

明代历史学家谈迁，29岁时开始著作《国榷》。因为家里穷，买不起参考书，只好四处求人，借书来抄。有一次，为了查看资料，他带着干粮，冒雨走了100多里路。他勤奋写作了27年，六易其稿，终于写成了《国榷》这部500万字的重要史书。这时他已56岁了。不幸的是，这部书稿被小偷偷走。谈迁伤心得大哭一场。不少人以为，他从此将一蹶不振。谁知第二天他又重新开始写作。冬去春来，周而复始，又花了10年光阴，终于再次把书写成了。这时他已白发苍苍，老态龙钟了。

从谈迁的事迹我们得出一个结论：只要勤奋，就可以为自己所做的一切画上圆满的句号。通往成功的路有很多，曲折和坎坷是摆脱不掉的困惑，而不管多么聪明的人，要想从中取一捷径，都少不了一个"勤"字。

一个人的进取与成才，环境、机遇、天赋、学识等外部因素固然重要，但更重要的是自身的勤奋与努力。勤奋，是通向成才的阶梯，古今中外所有成才的人，无不是用辛勤的劳动获取成果的。所以"勤奋努力"理应成为公司员工的座右铭。

无论是对个人还是对一个民族而言，懒惰都是一种堕落的、具有毁灭性的东西。懒惰、好逸恶劳乃是万恶之源，懒惰会吞噬一个人的心灵，就像灰尘可以使铁生锈一样，懒惰可以轻而易举地毁掉一个人。因此，那些生性懒惰的人不可能在社会生活中成为成功者。

成功只会光顾那些辛勤劳动的人们。想要做好一件事，你就必须付出比以往任何时代更多的勤奋和努力。拥有积极进取、奋发向上的心，勤勤恳恳，就会成功。懒惰，只能够由平凡转为平庸，最后变成一个毫无价值和没有出路的人。

宋代大学问家朱熹曾经在自己的著作中讲过这样一个故事：福州有一个叫陈正之的人，脑子相当愚钝，读书每次只读50个字，读一篇小文章也要五六遍才能读熟。为了克服缺点，他不懒不怠、勤学苦练，别人读一遍他就读三遍四遍，天长日久，知识便与日俱增，后来，他不但克服了自己反应迟钝的缺点，而且成了博学之士。

梅兰芳年轻的时候去拜师学戏，师傅说他生着一双死鱼眼睛，灰暗、呆滞，根本不是学戏的材料，拒不收留。天资的欠缺没有使他灰心，反而促使他更加勤奋，他每天都要喂鸽子，仰望天空，双眼紧跟着飞翔的鸽子，穷追不舍；他养金鱼，每天俯视水底，双眼紧跟着遨游的金鱼，寻踪觅影。后来，梅兰芳的眼睛变得如一汪清澈的秋水，熠熠生辉、脉脉含情，他终于成了著名的京剧艺术大师。

一个人的才能不是天生就有的，它是靠坚持不懈地努力，靠勤奋换来的。无论多么远大的志向，如果不能以勤奋的态度去努力落实，就永远也无法变成现实，最终也只是海市蜃楼而已。无论是在优裕的环境中，还是在贫困的环境中，只要肯勤奋做事，就会实现你的梦想，因为天道酬勤，你付出了就一定会有收获。

"一勤天下无难事"，只要女人不怕吃亏，勇于多做一点，比别人勤劳一些，那么，就一定可以让自己在无限的知识海洋中猎取到真才实干，抵达理想的乐土。女人想要收获更多，先要调整好自己的心态，勇于付出，以积极的态度去努力，等到时机成熟，相信也就是你收获的日子了。

五、独立思考,让女性领略人生别样风光

思想独立对于一个女人特别重要,一个女人,如果思想不能独立,这说明你的行为也不能独立。人常说,有思想的人才能活得精彩,这句话说的很好。

假如一个女人的思想不能独立,就会被男人认为你没有主见,没有思想,事事都要依靠于别人,偶尔几次也许他会接受,但时间久了,相信没有一个男人可以忍受。

告别依赖，走向自立

独立女人为别人而活，更为自己而活，她们绝不会把一切都投注到男人或孩子的身上，她们知道怎样活出自己的价值。

独立是一种很高的境界，它需要高素质的心态和全新的价值观。聪明女人之所以从里到外都透着现代小资的优雅、时尚，是因为她们在经济上有独立感，这种感觉能使她们的独立精神有相对坚实的地基。通过经济的独立，她们能享受到成功的满足感，这种满足感能让她们变得优雅自信、神采奕奕。

但是，遗憾的是，很多好女人在结婚之后，为了老公，为了家，不惜放弃自己的事业，这是不明智的。爱情不是女人的一切，女人不应把男人当成一切的依靠，现代女性应该拥有自己的事业和人生目标。如果你以一个男人为中心，你就会把所有的心思都花在他身上，成为一个没有自我的家庭主妇，失去往日的自信和魅力。

在一次接受记者采访的时候，鞠萍说："女人一定要有自己的事业，千万别失去独立性！"是的，一个善于运用知识，发挥自身特长，并孜孜不倦地去实现梦想与事业的女人，比那些依赖丈夫生活的女人更让男人着迷。因为女人不应仅仅属于家庭，她首先要属于自己。

张晓婚后一年有了儿子，但是婆婆和妈妈身体都不好，无法帮她带孩子，她只好放弃工作在家做了全职太太。带孩子的工作一点不轻松。更要命的是张晓丈夫的态度变化很大，看到家里有一点做得不好,就会对她说:"真不知道你天天在家做什么了,地板那么脏也不知道拖。"他不知道带孩子有多累,如果张晓说一句带孩子辛苦,他就会说:"你白天不会等孩子睡了,你再睡,再说谁家的孩子不是这么带大的,就你觉得辛苦?"

好不容易熬到孩子四岁上了幼儿园,张晓想重返工作岗位,却因儿子总生病而放弃了。一次,张晓因为照顾生病的儿子几天没休息好,早上就多睡了一会儿,她老公拉长脸说:"都几点了,还不起床做早饭,难道要让我给你做了早饭再去上班吗?"

杨欣有份稳定的工作,收入尚可。她之所以坚持不靠男友,是因为曾经吃过大亏。

上大学时,杨欣认识一个男友,当时他已工作,对杨欣十分慷慨,几乎承担了她的学杂费和生活费,同学无不羡慕杨欣有个如此体贴的男友,杨欣也很知足。但是,随着对杨欣资助的增多,男友对她的要求也与日俱增。甚至开始干涉她的人身自由。杨欣无法忍受,稍有反抗,男友就会说:"你是我花钱供的,还敢不听话?"杨欣不堪受此奇耻大辱,一气之下,借钱还清男友,与他一刀两断,并发誓从此再也不花男人的钱。

工作后,杨欣也拍过几次拖,虽有缘无分,但每次都能和平分手,再见也是朋友。这与杨欣的处事原则有关,她从不贪对方便宜,交往时各有付出,分手了也绝不会有经济纠纷。

该谁承担的责任,谁就应主动承担。女性不再低三下四地求男性给钱用,双方都是平等的主体。AA 制主张夫妻之间平等、独立,但又相依相存。双方不但共同分担苦恼,也共享幸福,同甘共苦,有情有义。

被爱情俘虏的女人,会以男人的喜为喜、忧为忧,完全失去控制自己情绪的能力。这类女人无疑是传统的好女人,因为她们成了男人情绪的奴隶。而聪明的女人是独立的,虽然她很爱他，但她绝对不会在情绪上被他左右和控制。

很多女人长期痛苦的一个极重要因素，就是屈从于男人，让男人来决定自身的价值。在男女的相互作用中，她们丧失了对自己内在力量的感觉。尤其当她们无力留住男人的爱时，会把暂时的丧失力量与更为长久的无力感混在一起。聪明女人早就明白，男人可能离她而去，但并不能真正把她控制。只有自己才是自我价值的实现者和实体的所有者，没有人能够把自己偷走。

在女人的一生中，爱情很重要，但是如果为了爱，失去了掌控自我情绪的能力，就有点得不偿失了。聪明女人，要为自己活着，要有自己的朋友，自己的生活空间，绝不会让男人牵引着自己的喜怒哀乐。因为被人牵引的情绪绝不会走向喜，而只会走向哀。做一个独立的女人从哪些方面做起呢？

1. 女人要在经济上独立。一个女人一定要在经济上独立，特别是在结婚之前。如果你不能做到独立的话，也许你的男友开始能够忍受，但是时间一长，纵然是再有耐性的男人也未必能谅解于你。他们会认为你会这么一直依靠于他，不会轻易离开他，他对你的态度就会大大改变，因为他从这方面已经觉得自己占了上风，一旦你们感情有变，会发生什么情景你也会心知肚明。对于已婚女人更要注意经济独立，就是感情有变，自己也能适当处理，不会因经济不能独立而手忙脚乱。

经济独立的女人，她们有自己的事业，有自己的工作，她们不做"寄生小资"。试想，一个体态妖娆的女人穿着华美高贵的晚礼服，在宴会上谈吐自如，举止优雅，可是转过身，低眉顺眼地向男人讨要生活费的那一瞬间，还会有魅力的光彩吗？

2. 女人一定要思想独立。身为一个女人，如果思想不能独立，这说明你的行为也不能独立，思想决定一个人的独立，一个有思想的女人就会活得精彩。身为女人，如果你的思想不能独立，跟你男友一起活动时，他会问，我们今天去哪儿玩？实际上他是在征求你意见，另一则，他也在试探你的个性。如你答，随便呀！或者你说呢？你说嘛，我不知道，之类的话，他会认为你没有主见，没有思想，事事都要依靠于别人，一次两次也许他会接受，但久而久之，恐怕没有哪个男人愿意带个不懂事的小孩子一起生活，他要找的是女朋友，不是女儿！所以女人，在思想上，一定要独立，独具自己的个性，但要恰到好处。

3. 做生活独立的女人。女人在生活上一定要独立，不管是你的男友、亲人，还是朋友，都不希望与生活都不能独立的人长期相处，不要说现在这个社会过于现实，这是因为社会在进步，如果你一直停滞不前的话，相信没有人会可怜你的。生活包括很多方面，比如最简单的家务，女人一定要会做家务，不说让你能做满汉全席，至少平常的家常菜你能做才行吧，衣服会洗吧，地会拖吧！女人始终是女人，不管你在外面多么风光，你回到家所扮演的角色，就是妻子、母亲、女儿、女友等等。

女人要告别依赖，走向独立。不能独立的女人一定是没有地位和尊严的，这样的女人怎么可能获得平等的爱呢？所以，女人们，你们一定要学会独立。

爱自己的女人才会获得爱

在我们每一个人的生活中，每个人最亲密的朋友其实就是自己。试想如果作为恋人、妻子的你都不爱自己的话，那么你有什么理由期待你的男人爱你。

有很多女孩子一旦嫁作他人妇,她们就会全心思地去爱那个自以为也很爱自己的男人以及男人所有的家人,全盘不考虑那个男人是不是也会全心思地爱自己,更不计较男人的家人是不是对自己好,只是一味地付出爱而不求回报。而原因却只有一个,那就是,那男人是女人自己选择的爱人,而他的家人,是他爱的人,她也要像他爱他们一样的爱他们。在所谓的爱面前,女人总是很容易把自己迷失。中国女人是世界上最傻最善良的女人,也最容易犯爱屋及乌的毛病。女人把所有的爱给了自己所爱的人,以及爱人的亲人,但却忘了爱自己。

由让·雷诺和广末凉子主演的《绿芥警探》中,有一句台词非常打动人心。剧中那位很有风韵的女人对男主人公说:"我不漂亮,也不会做饭,但我懂得爱。"虽然女人们终其一生都在追求爱,但却常常陷入痛苦的囹圄。这是因为她们并不懂得爱,至少她不是真正懂得。

老公对于女人而言需要去爱,孩子也是需要去爱,但是女人更要好好地爱自己。留一点时间给自己,看自己想看的书,做自己想做的事。给自己一点钱,买自己想买的衣服,喝自己想喝的咖啡,美自己想美的容。给自己一个小小的空间,装一个真实敏感脆弱的自己,里面除了自己,什么人都不要有。给自己一个机会,也像男人那样,找一个知己,给自己心灵一个难得的愉悦,但不要找情人。做家务的时候,记得让老公也参与其中,不要只顾自己忙,而任由让老公翘着二郎腿一边喝茶一边看报,除非他工作真的忙到没白天没黑夜,否则,不要让他当老爷。如果你是家庭主妇,家务非你莫属,就让老公付你工资,你每天为他张罗一日三餐,为他管这个家,也不容易,要他知道,为了这个家,你也在努力,让他不敢忽略你。

女人,一定要活出自己的精彩,不要把自己丢失了,还不知觉,到头来,再被别人丢失自己。

女人的世界是男人，而男人的世界是世界。女人把男人当成了自己的整个世界，而男人放眼四海，女人只是生活中的一小部分，聪明的男人，绝对不会像女人那么傻，他们不会把女人当成自己的全部，有时候，女人还不如他的一部分工作重要。女人如果不学会自己爱自己、自己疼自己，而等着男人来爱你、疼你，收获的只会是悲伤。

做一个坚强而自信的女人，不依赖任何人生活，无论是精神还是物质，都能保持独立。只有坚强而自信的女人，才可以有能力去爱，也才可以拥有了快乐与幸福。

亲爱的女人们，无论你是花容月貌，还是姿色平平，都请认真地爱自己。

希望有一天，所有的女人都可以用很响亮的声音对自己也对别人说，没人爱我没关系，我爱我自己，我爱这个世界，世界因我而精彩！

聪明女人心中燃烧着爱的火焰，但这种爱并不会肆意蔓延。因为每一份爱都有它自己的方向和温度。女人要首先懂得爱自己，一个不爱自己的女人不可能去好好地爱别人。

聪明女人懂得让自己的魅力被人看到，如果你懂得爱自己、善待自己，别人就容易看到你的魅力，就会称赞你。你会从这些赞扬中得到更多的自信，会活得越发光彩，永远保持对生活的热情。聪明女人在这个良性循环中能体会到爱与被爱的乐趣。

长久以来，女人总是以为全心投入去爱就会有所回报，但事实不是这么简单。事实是，你投入太多，就不会泰然处之；投入太多，对方就会懈怠了；投入太多，就会慢慢遗失自己，同时也遗失了对方爱你的资格。

所以说，一个女人越是爱她自己，越能得到更多的关爱。相反，女人越是一味地牺牲，则越会使别人忽视她的存在。

笑影在上大学时，认识了比自己高两年级的同系男生，他们很快就进入了热恋。大学毕业时，笑影按计划准备考研究生，她的男友却说："咱们结婚吧，我非常需要你。"是结婚还是考研，她一时拿不定主意。

其实现在看起来结婚和考研并不矛盾，但那时的笑影认为，既然结婚就要做个好妻子。如果读研究生自己就一定没有时间照顾丈夫。做妻子的因读书而冷落了丈夫，那是非常不对的。人们常说，爱就是奉献，笑影对此深信不疑。于是，她决定放弃自己的理想，和丈夫一起建筑他们爱情的港湾。

毕业后，笑影当了一名教师，丈夫在工作了一段时间后准备考研。在丈夫准备考试的时候，笑影发现自己怀孕了。笑影的妊娠反应很厉害，经常是东西吃进去不久就又都吐出来。可是丈夫正在忙着准备考试，不仅无暇照顾她，还需要她的照顾。笑影经常是一边吐，一边做饭。但是想想丈夫将要实现自己的梦想，她暗暗地咽下了所有的痛苦。后来丈夫如愿以偿，孩子也生了下来。

这时的笑影就更忙了，她既要工作，照顾孩子，还要照顾在上学的丈夫，非常紧张。接送孩子、买菜、做饭、洗衣、收拾房间，笑影几乎承包了所有的家务。但当她看到漂亮的孩子，看到刻苦读研究生的丈夫，她感到幸福无比。

为了照顾好家，笑影几乎放弃了自己的一切爱好。她已经没有时间去商场为自己选购一件称心的衣服，没有和朋友们高歌一曲的兴致，甚至连自己爱看的电视连续剧也不能从头看到尾。但是她从不抱怨，她觉得自己的付出是值得的，因为她的家庭因为有了她的付出而更加和谐幸福。

笑影原本以为丈夫毕业后，就会迎来他们的第二个蜜月，他会对自己的奉献给予回报。可事实是他们的关系大不如从前了。丈夫毕业后，去了一家合资企业。他的工作很忙，经常深夜回到家时，一脸的疲惫。让笑影更加生气的是，丈夫竟然懒得与她说话了。有时，笑影会忍无可忍地对他说："咱们也该聊聊了。"可他说："这么长时间的夫妻了，还有什么好说的。"有时，他还会说："说点儿别的行不行，整天不是东家长就是西家短的，真没意思，就知道自己眼皮底下的那点儿小事，层次太低，整个一个家庭妇女，没劲。"

终于，丈夫向笑影摊牌说自己爱上了别人，笑影的心在颤抖，她问："我有什么对不起你的地方吗？"

他说："你没有对不起我的地方，可是现在和你在一起，我一点儿感觉都没有。你整天都是那些婆婆妈妈的事，一点儿也不像过去那样有理想、有激情。"

笑影说："人总得有良心吧，你上学的这些年，孩子、家还有你的吃穿用，里里外外哪一点儿不是我在操持？如果我当时也去念书，不管这个家，你能有今天吗？我是为了你才做出牺牲的。"

但是他说："牺牲和爱情是两码事。"

女人只有好好地安排自己的生活，好好地爱护自己，才有资格赢得男人的爱。要知道，他娶你，可不是为了给自己找一个老妈子或保姆。女人应该是一个家的灵魂，一个家的设计师，而绝不是不拿薪水的保姆，不需报酬的性伴侣。

独立的女人不会太爱一个人，以避免男人会习惯你对他的好而忘了自己也应该付出，忘了你一样需要得到回报。女人要学会爱自己，爱自己的女人才能得到更多的爱。

女人能够依靠的只有自己

缠着大树的藤蔓永远也成不了大树，原因就在于——总是依附着别人是成不了气候的。退一步讲,大树终有倒下的一日,大人物也有下台的时候,依靠别人终究也不得长久,唯有做到"求自己"才是最稳固、最牢靠的。

菩萨说"求人不如求己",这不一定就是针对女人说的。但优秀的女人一定都懂得这个道理。

靠他人的施舍和庇护,幸福终归不能长久,任何外在力量,包括身边的男人,都只不过是女人生命中的一部分,生命中必定也必须还有别的寄托,孩子、事业、朋友、爱好……这样,即使生活中的一部分受挫,也不会影响到其他的部分。

有一天,佛印与苏东坡同游寺庙,看见其中一尊观音菩萨雕像,栩栩如生,口中念念有词,状至虔诚。苏东坡不解,问道:"观世音菩萨到底在祷念什么?"

佛印说:"在念'南无观世音菩萨'七字真言!"

这下,苏东坡更加迷惑,继续问:"观音菩萨本来是我们凡人膜拜祈祷的神,怎么也和我们一样在祷告,自己念自己?"

佛印说:"求人不如求己!"

当然,"求人不如求己"并非是"各扫门前雪",其真谛是告诉我们,与其总是期望别人的关照,反不如努力将自己的本分做好。西方有句名言:"上帝总是帮助那些帮助自己的人。"中国的说法就是,"自助者天助之。"

有这样一个女孩子,她从小娇生惯养,缺乏自立的意识和自主能力。后来长大了,无论是对于生活还是工作,她都习惯性地按照别人设计好的道路往前走。她是独生女,从小到大在爸爸、妈妈、爷爷、奶奶的呵护中长大,在学校是听老师话的好学生,在单位是遵守纪律的好员工,结婚后成了听话的好老婆。不管是生活里还是工作中,似乎总有人帮助她渡过难关,帮助她解决各种各样的困难。久而久之,当她一个人去面对问题的时候,才会在手忙脚乱中去思考这样的事别人是怎么解决的。当没有人可以提供帮助的时候,她就会感到彻底的无助和绝望。

长此以往,她的依赖就会变成别人的包袱和负担,如果有一天那些可以依赖的人都离去,剩下她一个人的时候怎么办呢?

这就是典型的依赖型人格。所谓依赖型性格主要是指对亲近与归属有过分的渴求,是一种较为常见的人格障碍,尤其是女人,多数都有这种倾向,只是程度有所不同而已。在依赖心理严重的人心里,能够抱住一棵大树,有一座靠山,远比自立要重要,她们可以放弃自己的兴趣、爱好、人生观与诸多发展机会。长此下去,她们会越来越脆弱,为了讨好所依赖的人,处处委曲求全,失去了真正的自我。严重的依赖心理是一定要改掉的,但如果只是表面上纠正了依赖性的习惯,而不去从根本上找原因还有可能出现别的不良情况,最重要、最本质的还是重新树立自信心。

当然,由于我们年幼而没有能力应对外界挑战的时候,依赖他人的帮助是我们唯一的选择,因为我们身边的亲人有这样的责任,这本无可厚非。可是有一天你长大了,你是一个完整的人,别人具备的生存能力,你一应俱全,你还要一味地依赖他人吗?

女人似乎永远是弱者的形象,在生活中总像一个永远长不大的小女孩。女人要实现真正的自我,寻找最稳固长久的幸福,从现在开始就必须摈弃依赖心,培养并且增强自己的独立性。

在生活中,我们谁也不能否认,我们都有依赖心理,总是希望能够得到别人的帮助。去完成一些自己不愿意去做或者自认为完不成的事情。相比于男人而言,女人自有其薄弱的地方,在适当的时候,适当的示弱,本无可厚非,但千万别过头,一旦养成依赖性人格,那后果就严重了。

一个女人可以没有迷人的外表，可以没有骄傲的年龄，但一定要有自己独立的人格，拥有自己的事业和朋友。她们每天开心地工作、生活，依然给孩子、给朋友最灿烂的笑容，最甜美的声音，最真诚的祝福，她们总是给人一种赏心悦目、沐浴春风的感觉，她们深深地懂得，"不经历风雨，怎么见彩虹"这一幸福定律。

当然也有些人，误解了独立的含义。其实，女人独立并不在于与男人的抗争，而在于找准自己的位置，不依赖于男人。

独立是女人的美德。独立的女人好比黑夜里的郁金香，默默地散发着属于自己的一缕芬芳。独立的女人是美丽的，是可爱的，电影《2046》里的黑珍珠，《甜蜜蜜》里的展翅，还有现实生活中身残志坚的张海迪，她们因独立而显得充满自信，从而平添了一种令人赞赏的迷人气质。

独立的女人不卑不亢，没有轻佻女人的奴颜媚骨，也没有一般市井泼妇的尖酸泼辣，有的只是平淡如菊的心境。

女人精神的动摇是一种不独立的表现，所以女人不要傻，一定要会在精神上独立。

当然，女人独立的目的不是消灭自己的本性，适可而止即可。当今社会已向女人提供了很多独立的机会，由于观念的误差，不少女人对男人的成功不服气。她们不懂男人的社会是竞争形成的，女人如果一定要在男人世界里去参与，那你事先就要有一定的心理准备，就必须时刻准备着付出比男人更多、更痛苦、更委屈、更压抑的代价。男女生理的差异是老天最伟大最科学的设计，承认并尊重这种差异是人性中最美的良知。

女孩子要尽早地学会独立，学会坚强，这样你才可以把命运的主动权牢牢地握在手中，自由选择你所中意的幸福生活。另外，这样的女人在困难面前显得更游刃有余，如闲庭信步般地面对人生的风风雨雨、坎坎坷坷。

女人要知道：你能够依靠的只有自己。一个女人如果学不会自立,学不会独立应对生活的挑战,在生活中只是"靠、等、要",那就绝不可能获得任何成功,因为成功的前提就是要"独立",只有独立的女人才能在社会上找到自己的立足之地。

独立也要适度

佛家有个故事:有一位修行高僧隐居在山林中,人们千里迢迢寻找他,想跟他学艺和修行。

一次,前来求教者到达深山时,发现高僧正从山谷里挑水。求教者发现,他两只木桶里的水都没有装满。按求教者的想象,高僧应该挑起很大的桶,并且挑得满满的。可是高僧为什么不把桶挑满呢?

求教者不解地问:"高僧,这是什么道理?"

高僧说:"挑水之道并不在于挑多,而在于挑得够用。一味贪多,会适得其反。"

求教者越发地不解了。

于是,高僧让求教者中的一个人,重新从山谷里打了满满的两桶水。那人挑得非常吃力,摇摇晃晃,没走几步,就跌倒在地,水都洒了,那人的膝盖也摔破了。

看到这种情景,高僧说:"水洒了,不是还得再打一桶吗?膝盖破了,走路艰难,岂不是比刚才挑得还要少吗?"

求教者问道:"那么请问高僧,具体该挑多少,怎么估计呢?"

高僧笑道:"你们看这个桶。"

求教者看去，桶里画了一条线。

高僧说："这条线是底线，水绝对不能高于这条线，高于这条线就意味着超过了自己的能力和需要。起初还需要画一条线，挑的次数多了以后，就不用看那条线了，凭感觉就知道是多是少。有这条线，就可以提醒我们，凡事要尽力而为，也要量力而行。"

求教者又问："那么底线应该定在哪里呢？"

高僧说："一般来说，越低越好，因为低的目标容易实现，人的勇气不容易受到挫伤，相反会培养起更大的兴趣和热情。长此以往，循序渐进，自然会挑得更多、挑得更稳。"

求教者若有所悟。

正如这个故事，我们可以给自己定目标，但一定要量力而为。有时不是我们能力不行，而是我们定的目标不切合实际。如果按照规律，循序渐进，逐步实现目标，就能避免无谓的挫折。如果没有底线，一味求多，就会适得其反地把自己搭进去。

现在，优秀的职业女性和独立创业的女性越来越多，她们为了达成自己的高目标而兢兢业业、废寝忘食，对自己和身体的要求严重超出所能承受的底线，有的造成了身体上的疾病，有的彻底累倒了。所以，你一定要告诉自己，自立与自爱同等重要，只有把自己滋养好，你这株自立之花才能常开。

一位姓王的小姐曾经向心理学专家提出过一个问题：是不是太优秀的女人没有人爱？我们来看看她们的对话：

王小姐说自己是一个从小到大生活经历相对顺利的人，家庭和睦家境不错。大学毕业后又获得了让很多人羡慕的去美国留学的机会，现正在攻读硕士学位。她生性乐观，一直要求自己不断向上，不能在困难、挫折前屈服。很多认识她的朋友都说她很独立、很坚强，但有时过于自我，只关注自己的世界，忽略他人感受。她的爱好很广泛，曾经学习钢琴超过 10 年，也曾学习绘画，并且热爱体育。喜欢网球及观看体育比赛。她的相貌不算出众，但也还算是偏上。广泛的兴趣和生活经历，特别是异国生活经历带给她特别的生活观念、独立的生活态度。

她的问题是，从来也没有过男朋友，虽然有很多关系很密切的男性朋友。她希望自己的男朋友比她出色，和她能够沟通，有共同的爱好。可是环顾她的生活圈子，她几乎找不到这样的人。即使曾经出现，可能也是别人的丈夫，或不喜欢她。而她也无法忍受和一个并非她深爱的人在一起。因此，即使很多人追求她，她也无法回应他们的感情。尽管她常常孤独，渴望一个坚强的臂膀。现在她开始绝望，觉得这辈子也不会有她理想的爱人出现了。

有些女人过分保持自己的完整独立性。这些女人不一定就是那种女强人，女强人一般是指女性敢作敢为，性格比较坚强，而且在事业上有新成就，其社会地位与影响在自己丈夫及普通男人之上，从而让男人产生一种自卑的心理。

有的女人并不是事业上大有作为而冷落了丈夫和家庭，而是听"陈世美"故事听多了，产生强烈的自我保护意识，像浑身羽毛乍起的小鸟一样，随时准备大动干戈。你敢瞧不起我？女人怎么啦，我处处都要和你一样。生怕男人瞧不起自己，里里外外喊着要平等独立，人前人后不注意维护男人的自尊，陷入一种为独立而独立的情绪之中。这其实也是一种自卑的表现形式，因为骨子里的怕而表现出来什么都不怕。如很是热闹过一阵的婚前财产公证就有这么一种心态在里面。既然对前景不看好，那么为什么还要往一块走呢？当然这也仅是一家之言。

保持独立性，意指不丧失自己独立的人格，成为别人的依附物，有经济来源方面的意思，但更强调的是一种精神心理上的健康完整。一个完整独立的人并不是没有软弱的一面，完全不需要别人疼爱关怀体贴照顾,而是不形成对一个人的过分依赖,不形成寄生的状态。试想,一个人如果没有自己的独立价值,别人又怎么会尊重你呢?久而久之,只会成为别人的负担,等到人家不耐烦时,就会把你扔下,这时你的世界就是一片黑暗。但如果你总是处于战备状态,随时随地逞勇斗狠,要与男人拼个高低,把一些本无所谓的弱势伪装成坚强,任何人都碰不得,又有谁敢跟这样的女人过日子呢?

　　大自然的安排就是要男女互相依赖共存。以男人的眼光看,一个太有依赖性的女人是可怜的,一个太独立的女人是可怕的,和她们在一起生活都累。最好是既独立,又依赖,人格上独立,情感上依赖,这样的女人才是可爱的,和她们一起生活既轻松又富有情趣。

　　一个聪明的女人一定会把握好这个度,磨合寻找出一个恰当的分寸。

六、独立抉择,睿智提升女性的人格魅力

这个世界上有很多东西需要我们独立抉择,如果你总是依赖于他人的话就会丧失自己的判断力。一个女人要学会独立,如果学不会独立抉择,独立应对生活的挑战,在生活中只是"靠、等、要",那就绝不可能获得任何成功,因为成功的前提就是要「独立」,只有独立的女人才能在社会上找到自己的立足之地。

在学习中提升自我

人生需要学习和磨炼,因为那是自我人生中的第一个大门,同时也需要沟通与交流,因为那是完成自我社会中,了解他人心灵的钥匙。人生需要不断地磨炼和学习,目标才会实现。如何来改善我们对人生和事业的成就?那么我们就得不断地学习,学习对我们有用的知识。人的一生都需要学习,要不断提升自己,不断地努力和磨炼才能达到人生的目标及理想,我们在学校里要学习,出来工作了,当然也需要不断地学习,因为这个社会在进步,人也要跟上时代的步伐,工作的晋升,也需要不断地学习,所以在今天的社会上学习是很重要的。而不断读书就是学习的一个好途径。

汤姆·索菲娅女士是福特汽车公司在西雅图的代理商,工作之余最大的爱好就是读书。她的兴趣极为广泛,各种书籍都要涉及,但她自己也没有想到,正是她的广泛阅读帮了她工作的大忙。有一次一位日本客商打算引进一批福特汽车,数目还不小。这对于索菲娅这个代理商来说可算得上是天赐良机,如果有了这笔生意,近一年的生产定额就能拿下了。但是,对方要求的条件也不低,最主要的就是价格上要比平时的最低价格还要低3%,这可是一个不小的损失。因此,谈判桌上唇枪舌剑的场合就不可避免了,几次谈判下来还是没有丝毫进展。渐渐地,日本客人变得不耐烦了,并且毫不让步地下了最后通牒，如果在三天之内还不能敲定的话，这笔生意就告吹，另找他人。

索菲娅当然不能让这块到口的"肥肉"被他人夺走，因此这最后三天对她来说就显得非常重要，如何利用这段时间进行最后的努力尤为关键。她从书中看到过如何在最后关键时刻争取客户的案例，因此，她并没有急于和客商再进行谈判，而是去调查了这位日本客商的籍贯和其他有关个人生活方面的情况。等到最后的摊牌时刻，索菲娅对谈判的中心内容避而不谈，反而跟客商谈起了寿司、聊到了樱花，客商显然对这位美国人能够对自己的国家如此了解感到非常惊异，当索菲娅谈到客商家乡的地名和风俗人情时，客商又好像在他乡遇到了知音一般，两个人开始投机地聊了起来，把生意上的事都抛在了脑后。第二天，日本客商没有任何附加条件地和索菲娅签订了合同，两人从此还成了好朋友，经常地通过电话问候。

在关键时刻，广泛地阅读各种书籍使得索菲娅具有不同于常人的思维和见识，使得她避开正常的谈判，避重就轻，成功地转移话题，反而获得了主动权。更重要的是她阅读得多，还查访过了不少这位客商家乡的情况，所以谈起话来能娓娓道来，让人产生了他乡遇故知的好感，生意自然也就好做起来。

多读书学习的人，尤其是女性，在加强各方面知识的同时，也在锻炼自己的大脑。从多角度进行变位思考，在解决问题方面丝毫不逊色于男性。

知识女性更聪明，智慧女性更出众，她们是女人中的精品！女人有智慧，才会给生活带来无限的魅力，要知道，智慧的女性会给生活带来很多的色彩。

世界十分美丽，如果没有女人，将失掉七分色彩；女人十分美丽，如果远离知识，将失掉七分内涵。而书作为知识的载体,是滋润女人灵魂的精神食粮,是女人保持永久魅力的法宝。

美国前总统罗斯福的夫人曾说:"我们必须让我们的年轻人养成读书的好习惯,这种习惯是一种宝物,这种宝物值得双手捧着、看着它,别把它丢掉。"但是在这个浮躁的年代,在电视、电脑各种更视觉化休闲方式的冲击下,要选择白纸黑字心平气和读下去何其不易,而要养成习惯就更难了。

华罗庚是我国著名的数学家。他从小刻苦学习,成了著名的学者。

1950年2月,华罗庚带着全家悄然登上一条不大的邮船,离开生活了4年的美国。当他踏上祖国土地的时候,电波播送了他的《告美国同学的公开信》。信中激情洋溢地写道:"锦城虽乐不如回故乡,乐园虽好,非久居之地,归去来兮!"

华罗庚又回到了清华园,担任数学系主任。不久,他被任命为中国科学院数学研究所所长。他百倍珍惜党和国家为科学研究提供的大好时光。他白天拄着拐杖到学校讲课,晚上以案板当书桌,在灯下从事数学研究,常常写作到深夜。有时,为了求证一个问题,他常常深夜从床上爬起,顺手拿起床头的报纸,在四周的空白处进行演算和论证。在他的屋里,桌上、床上、地上,到处都堆满了演算稿纸。他用毅力与勤奋,编织出成功和荣誉。

1956年,他的重要论文《典型域上的调合分析》,荣获中国科学院第一批科学奖金的一等奖。随后,他的长达60万字的巨著《数论导引》问世了。这部著作,倾注了他多年的心血。国内外的数学界为之震动了。他带领的数学研究所,也已是人才济济、群星灿烂了。他们为征服解析数论、代数数论、函数数论、泛涵分析、几何拓扑学等不同学科,已经扬帆起航，并各有卓越的建树。震撼世界的哥德巴赫猜想的研究，就是其中一个突出成果。

1979年12月，他在英国伯明翰大学讲学时，新华社记者访问了他，问他回国以后的计划和打算。他没有正面回答，而是说了以下一段话："在我几十年从事数学研究的生涯中，我最深的体会是，科学的根本是实。我虽然年近古稀，但仍以此告诫自己。"他沉默片刻又说："树老易空，人老易松，科学之道，戒之以松，我愿一辈子从实以终。这是我对自己的鞭策，也可以说是我今后的打算吧。"

社会在改变，知识也在不断更新，那些尚在原地知识的基础上睡大觉的人，必会被不断学习的后者超过。完美人生属于那些不骄、不弃，奋发进取不断学习的人。人生在于学习，而人的价值在于创造和贡献，学习可以增强人的能力；加强人的创造事业力量，所以我们必须不断地学习才能使自己的生活过的更好。国以民为主；家以孝为先；做人以德为尊；修身以学为主。学习是完成事业、梦想的基础；学习是人生智慧的枷锁，需要我们用心灵的钥匙去打；学习是做人的根本，一切的学问和知识，都需要广泛的学习。

不断学习，才能适者发展，学到老，才能活到老，停止学习，就是停止思考的能力。头脑要多学习，才能变通，才能立于长久不败之地。不断学习才能领悟大自然的智慧，不断学习才能攀登在成功的顶峰，被人高高举起，不断学习才能创造财富的积累，不断学习你才能体会活着的意义所在与精神所在。

需要的时候学会拒绝

生活中,几乎所有的女人都害怕或者不愿意拒绝同事、朋友等的请求,因为她们害怕失去良好的人际关系。所以在面对同事不合理请求的时候,常常感到为难,以致每次都心软的接受。

毕达哥拉斯说过:最短、最老的字——"好"或"不"——需要最慎重的考虑。

想想看,当你必须说"不"时,你有多少次说了"好"?你是不是怕拒绝伤害别人的感情所以很快地、本能地说了"好",等到事后又后悔自己的所作所为?你是不是个只会说"好"却又不能照顾自己,整天带着叹息与别人相处的人?

明朝郭子章所著《谐语》里说,有朋友求在朝中当官的苏东坡为他谋个差使,苏东坡就幽默地回绝了他。苏东坡对来求他的这个朋友说:"以前有个盗墓人,掘了第一个墓,内为一个赤身裸体的人,是主张裸体下葬的王阳孙;掘了第二个墓,掘出了汉文帝,这个皇帝是不准随葬金银玉器的;第三个墓里掘出了饿死在首阳山的伯夷。盗墓人还想继续掘第四个墓,伯夷说:'别费心了,我弟弟叔齐也无门路!'"有所求的人听了这个故事,知趣地走了。

还有个故事:

一次,某市要举办歌唱比赛,一个社会声誉不太好又根本不懂艺术的民营企业家找到比赛主持人说:"我赞助1万元,你安排我当个评委怎样?"

比赛主持人拍了拍对方的肩膀说:"老兄,你钱多得没处花了吗?这1万元扔在这个比赛上,不如扔到河里,还能看到个涟漪呢。"

这是在对方提出要求后,机智地以诙谐幽默、插科打诨的话语,避开问题焦点的回答,巧妙地拒绝了对方提出的要求。

可见回绝也需要幽默。别人对你的要求你无论是赞同还是反对,你都有权利说"不"。只有这样,你才能顾及自己的实际情况,同时以真诚的态度面对对方。

一个人要会说"好",也要在该拒绝的时候会说"不"。不会说"不",你就不是一个品格完整的人,你会变成一个不情愿的奴隶,你会成为别人的需要和欲望下的牺牲品。

任何人都不希望"品尝"被拒绝的滋味,也不愿意将拒绝的话说出口,可是,迫于需要又不得不说。此时,如何把拒绝话说得更动听就成了一个关键性问题。

快下班的时候,李琪接了一个电话,一听连撒娇带要赖的语气就知道是李丽,她说:"亲爱的,救救我吧。帮我写个方案,客户已经催了好几次了,可是我实在是没有时间啦,你知道强子最近在追我,我也很喜欢他,你帮帮我,就算支持我的爱情啦……周末我请你吃韩国料理!"

李丽是李琪在公司里最好的朋友,属于那种嘴巴很甜的女人。她这已经不是第一次求助李琪了,她下班就忙着去约会,常常把做不完的工作推给李琪。每次,李琪都想拒绝,可是听到她一句一个亲爱的,那能把人融化的热情,都不知道该怎么开口说"不"。作为好朋友是该相互帮助的,拒绝会不会让自己失去这个朋友呢?

在我们的生活中，同事之间、朋友之间需要相互帮助的时候很多，在力所能及的情况下，我们帮助同事是非常必要的，这样做也会给我们带来很多的益处。但也有一些人，会提出一些不合理的请求，那么怎么办呢？

一些女人也许会直接拒绝，这不是一个好的选择，很可能会影响你们以后的关系，甚至会得罪一些人。怎么样才能做到既拒绝了他人又不伤和气呢？

首先，我们应当先认真倾听对方的情况，然后再说"不"。当有人向你提出请求时，他们心中通常也会有不同程度的不好意思，担心你拒绝，担心给你带来麻烦。因此，在你决定拒绝之前，要注意倾听，请对方把处境与需要，讲得更清楚一些，自己才知道如何帮他。然后，应该对他的难处表示理解。

"倾听"能让对方先有被尊重、被接纳的感觉，在你婉转地表明自己拒绝的立场时，也比较能避免伤害他，因为他能在你的倾听中感受到你的真诚。如果你的拒绝是因为工作负荷过重，倾听可以让你清楚地界定对方的要求是不是你分内的工作，而且是否包含在自己目前重点工作范围内。或许你仔细听了他的情况后，会发现帮助他还有助于提升自己的工作能力。这时候，你可以在不影响自己的本职工作前提下，协助同事完成任务。如此，你在收获工作能力与经验的同时，又能赢得同事的友谊。

即使你帮不了他，但是"倾听"完他们的情况之后，作为非当事人，可能会对他的困境看得更清楚，你可以针对他的情况，给他提出比较好的建议。这样，即使你不亲自去帮助对方，对方一样会感激你。

其次，在说"不"的时候要委婉。当你倾听之后，认为自己应该拒绝的时候，说"不"的态度必须温和而坚定。即使是炮弹，也应当裹上糖衣，即要委婉拒绝，不要严词拒绝，因为温和的响应总是比情绪化的过度反应要好。情绪是具有感染性的，严词拒绝会引发他人强烈的负面感受，所以，当你必须要拒绝他人时，就不要再以不友善的言行，在情绪上火上浇油。例如，当对方的要求是不合公司规定时，你就要委婉地向他解释自己的工作权限。表示没有权力去做这件事，这违反了公司规定。

在自己工作安排已经很满的情况下，要让他们清楚自己目前的状况，并暗示他们如果帮他们这个忙，会耽误自己正在进行的工作。一般来说。他们听你这么说，一定会知难而退，再想其他办法，而不会对你产生其他想法。再次，在表示拒绝的时候，要从对方利益出发来说明自己爱莫能助的理由。从对方的利益考虑，以对方的切身利益为借口，往往更容易说服对方。比如，有人要求你在一个不合理的期限内完成工作，与其说明你如何不可能办到，不如让对方相信这种仓促行事的做法对他而言并没有好处。这样的话，他们不仅不会怀疑你的意图，还会对你产生感激。

最后，在拒绝之后，对他的情况表示关心，最好能够提出一些建议。有时候拒绝是一个漫长的过程，对方会不定时提出同样的要求。若能化被动为主动地关怀对方，并让对方了解自己的苦衷与立场，可以减少拒绝的尴尬与影响。当然，在你拒绝别人的时候，除了技巧，更需要发自内心的耐性与关怀，表达友好和善意是我们拒绝时最重要的原则。否则，对方一旦察觉到你在敷衍他。那么，你在人们心中的地位就会下降，你的人际关系也会受到伤害。聪明出色的女人明白，拒绝是一门艺术，它最核心的原则就是无论用什么样的方法，一定要让对方感受到你的真诚和善意,从而取得理解和共识。

爱读书的女人魅力无限

  有人说,世界有十分美丽,但如果没有女人,将失掉七分色彩。女人有十分美丽,但如果远离书籍,将失掉七分内蕴,读书的女人是美丽的。"腹有诗书气自华"是人人都明白的道理。的确,书是女人修炼魅力之路上最值得信赖的伙伴,依靠它,你将不再畏惧年龄,不会因为几丝小小的皱纹而苦恼几天。因为,你已经拥有了一颗属于自己的独特心灵。有自己丰富的情感体验,你的生活,你生活中的点点滴滴,将会书香四溢。

  对于书,不同的女人会有不同的品位,不同的品位会有不同的选择,不同的选择会得到不同的效果,因而演绎出一道女人与书的风景线。

  有的女人,读书是为了获取知识,增长才干,她们比较注重思想性强、有哲理、有深度的书。书提高了她们的人生境界,使她们生活得很充实。这样的女人本身就是一本书,一本耐人寻味的好书。

  有的女人,读书是为了愉悦身心,陶冶情操,她们喜欢读唐诗宋词,读古今中外优美的散文,在悠悠哉哉的闲适中修身养性,铸就了淡泊平静的一生。这样的女人像一首诗,清新素净非常可爱。

还有的女人，读书只是一种娱乐和消遣，或者只是附庸风雅，她们热衷于缠绵悱恻的言情故事和影星、歌星名人的花边新闻。她们比较实际，有点儿俗气，好在她们读点书，能通晓一些事理。

书能够影响人的心灵，人的心灵和人的气质又是相通的。一个人要想把自己打扮得可爱、漂亮或者具有吸引力，那就去读书吧。

读书是女人的立身之本。喜欢读书的女人，学历可能不高，但一定有文化修养。有文化修养的女人大都知书达理，处事冷静，善解人意。经常读书的人，一眼就能从人群中分辨出来，特别是在为人处世上也会显得从容、得体。有人描述，经常读书的人不会乱说话，言必有据，每一个结论会通过合理的推导得出，而不是人云亦云，信口雌黄。

经常读书的人，她们做事会思考，知道怎么才能想出办法。她们智商比较高，她们能把无序而纷乱的世界理出头绪，抓住根本和要害，从而提出解决问题的方法，科学拒绝盲目，她们做的每一步都是深思熟虑过的。这些都是平时缺乏读书的人所欠缺的。

爱读书的女人很美，爱读书的女人美得别致。她不是鲜花，不是美酒，她只是一杯散发着幽幽香气的淡淡清茶，即使不施脂粉也显得神采奕奕、风度翩翩、潇洒自如、风姿绰约、秀色可餐。

要做一个爱读书的女人，你不妨这样做：你不妨试试每天阅读15分钟，这意味着你将一周读半本书，一个月读两本书，一年大约读20本书，如此下去，你一生将能读多少书，这个数字已经够惊人的了。日积月累，只要你每天抽出一点时间，比如15分钟，单是每天坐公交车的时间就足够了。

当然，读书最主要的问题是选择什么样的书来阅读，你选择的第一本书应该是自己感兴趣的，无兴趣的书很少有人能读下去，但问题是有些书如果你不去尝试着读，根本不知道自己是否有兴趣，这将让你错过很多不错的书。当然选择的书还和你的身份、地位以及年龄有关——如果你是个爱好文学、钟情于文字的女人，想增强自身的素养，使自己显得更加充实，最好选择《红楼梦》、《源氏物语》、《飘》、《我们仨》、《围城》、《简爱》、《女人传》、《傅雷家书》、《金锁记》、《傲慢与偏见》。这些世界名著是经过了岁月的历练，是人间的精华，阅读这类书要品，就像品茶一样，一遍、两遍、三遍、四遍……熟读一本名著，你就会感觉自己气韵有所不同。

如果你骨子里是个浪漫的人，想陶冶自己的情操，领略不同的美感，可以选择《世界美术名作二十讲》、《守望的距离》、《随想录》、《叶芝抒情诗全集》、《李清照诗词评注》、《美学散步》、《西方美学史》、《人与永恒》、《草叶集》、《音乐疗伤》。这些书会让你忽然有一种不食人间烟火的美丽错觉，你的心灵也会在这种纯粹的美中得到升华。

如果你在生活中受到了某种伤害，想要寻求心灵安慰，你不妨选择《时间草原》、《一个女人的成熟》、《爱过不必伤了心》、《小王子》、《绿野仙踪》、《格列佛游记》、《安徒生童话故事集》、《比如女人》、《铁凝日记》、《二道茶》。这些书就像一粒神奇的药丸，会慢慢地不知不觉地治愈你的心伤，那些美丽的童话也会使你对生活重新充满了憧憬和希望。

如果你是个不太爱幻想，或者是已经过了幻想年龄，又比较关注日常生活的女人，可以选择《女性个人色彩诊断》、《亲密育儿百科》、《卡尔·威特的教育》、《女人个人款式风格诊断》、《好妈妈慢慢来》、《女子与小人》、《中国自助游》、

《懒女孩的健康指南》、《女为己容》、《私奔万水千山》。这些书将会是一个良师,教给你一些实用的生活知识,使你在主活中更加游刃有余。

如果你是个有梦想、有目标,并愿意为之努力奋斗开创一份属于自己的事业的女人,那么你应该去读《居里夫人》、《女人自信12课》、《女人的资本》、《女人的22条天规》、《写给女人》、《宋氏三姐妹》、《假如给我三天光明》、《都市丽人》、《我的非正常生活》、《不规则女人》。这些书将给会给你的梦想插上飞翔的翅膀,不仅给你信心和勇气,还会帮助你认识自己,定位自己,寻找适合自己的事业。

如果你是个喜欢哲理、注重思想的女人,可以选择《存在与虚无》、《第二性》、《苏菲的世界》、《中国女性的感情与性》、《性史》、《理想国》、《浮士德》、《林徽因文集》、《王小波文集》、《昆虫记》。这些哲理性很强的书,不喜欢看的人大概会觉得有点枯燥,但是对于喜欢看的人则不一样了,也许它们会给你一些启示,让你感受到不同的闪光思想。

对于一个爱读书并且经常读书的女人来说,这些推荐也许起的作用不大,但是,浩瀚的书海里,并不是每一本书都适合你,有目的地去读一些书,比盲目地读书要好得多。如今,为读书而读书,别人读什么,自己读什么,尤其是一些"名"书,无论是炒作还是其他原因,总之这些书出名了,于是,你买,我也买,有时候纯粹是因为好奇心,如此的跟风,不太可取。

魅力女人是充满书卷气息的,有一种渗透到日常生活中的不经意的品位,谈吐中超凡脱俗。有一种不同于世俗的韵味,在人群中超然独立。有一种无需修饰的清丽,超然与内蕴混合在一起,像水一样柔软,像风一样迷人。

选择付出,才有回报

付出是我们立身成人之本。我们懂得付出,就永远可以有付出的资本;我们贪图索取,就永远有必须索取的企求。付出越多收获越大,索取越多收获越小。任何事都是有一定的收支,你付出了多少才会收获多少。付出时不一定痛苦,收获时却一定快乐。其实,懂得随时给予人帮助的人,不但能够方便别人,在某种意义上也是为自己创造了机会,尽管你在帮助别人时并不是这么想。

在这个世界上,有很多人想要获得成功,而成功之路从来都不是一帆风顺的,注定会遭遇一些坎坷与波折。面对荆棘密布的道路,难免有害怕吃亏而产生退缩念头的时候。然而,如果真的退却了,那么,注定与成功无缘。相反,在困难面前,那些不怕吃亏,勇于付出的女人,往往成为最后的胜利者,会收获很多意想不到的东西。

然而,现实生活中,真正能够明白这个道理的女人却很少。许多女人都在抱怨生活不公平,自己付出了许多,可是,收获甚微。于是,有些女人抱着害怕吃亏的念头,索性不再付出了。聪明的女人懂得,如果不再付出,那就连收获的机会也一并丢掉了。人生许多成功的机遇,往往就是擦肩而过的。当面临机会时,她们往往不怕吃亏,舍得付出自己的辛苦与汗水,经过奋力拼搏,最终方能取得成功。相信看了下面的故事，你一定会有所感悟。

萧萧与方影是大学同学。萧萧来自农村，成长环境比较艰苦；方影在大城市里长大，从小养尊处优。不同的生活背景让两个女孩的性格各不相同。萧萧朴实一些，而方影则要显得精明一些。毕业以后，两人进入同一家公司。公司新立一个项目，董事长要求两人做出一个营销方案。董事长还答应，如果能够提高销售额的话，会给予奖励。

经过合计，两人一个做市场调查，另一个人负责方案编写。市场调查很辛苦，然而，憨厚的萧萧主动请命，每天早出晚归，回来后顾不上吃饭就开始整理材料。经过一个月的辛苦与努力，完成了市场调查分析，同时，她还给方影提出点儿编写意见。

然而，方影根本不愿意动手去做，以材料内容太散乱为由要求萧萧顺便负责编写方案。萧萧认为很不妥，认为这件事情应该由两个人完成，如果方影有困难，她可以帮助其完成。然而，精明的方影只看重最后方案上的署名，至于谁做她根本不在乎。她借口怕不能在规定时间内完成任务，会受到批评，最终说服萧萧帮她把方案编完。

方案很快编写完了，并顺利通过公司审议，开始投入实施，企业的销售额得以增长，提前完成预期的目标。作为奖励，公司一次性给方影个人10万元奖励，风光的方影根本不提这些事情都是萧萧做的。然而，萧萧也没有任何的要求与解释，依然努力工作。

随着项目进一步开发，董事长经常出入于她们的办公室。一天很晚了，董事长看到萧萧办公室内的灯依然亮着，以为她为奖励的事情生闷气呢，便打算前去鼓励她。然而，这一次造访，却让他发现之前策划方案的准备资料，细心的董事长记下结稿时间，并复制了一份。经过调查，事情的真相浮出水面，三个月后，萧萧被提拔为董事长助理及分公司的执行董事，而精明的方影却依旧停留在原来的位置上。

在这个故事中，萧萧与方影在同一部门工作，面对上司交代的任务，萧萧不怕吃亏，她主动提出做市场调查，每天起早摸黑，分析市场形势。然而，精明的方影不肯付出，最终方案也让萧萧帮助她完成，最后却一个人独享奖金。面对这样的结果，萧萧没有因为怕吃亏而吝啬付出，她依然坚持努力工作，使得有心的老板无意中发现真相，最终得以提升。方影因为害怕吃亏，不愿意付出，看似占便宜，得到10万元的奖金，可是，却也让老板看清她的为人。相反，萧萧舍得付出，无论是市场调查，还是编写方案，她都没有因为害怕吃亏而放弃，最终被老板所发现。由此可见，女人只有不怕吃亏，拥有舍得付出的精神，总会得到回报。

上帝是公平的，给每个人的机遇都是一样的。如果你舍得付出自己的努力，那么，自然就会有所收获；如果你不怕吃亏，自然就会有福报。萧萧所得到的一切，正是源于她不怕吃亏，舍得付出自己的努力与汗水，才换来最后的升职。面对考验，如果女人不愿付出，像方影那样，因为怕吃亏没有去做市场调查，自然就写不出好的方案，无法真正提升自己的能力，即使因为偶然的机会，得了点便宜，迟早也会吃大亏。

在现实生活中，随着市场经济的发展、信息产业的发达，有人说人与人之间的关系变得越来越淡薄和疏离，可是我们相信，只要世间能有真情涌动，只要人们能多多地对他人付出和奉献，就会有感动存在，我们的社会也会变得更加和谐和温暖。

当然，一个人在付出时，也许对自身来说是某种意义上的亏空和缺失,但对他人却是圆满和丰富,甚至是拯救,这样就使付出本身有了深刻的内涵和崇高的境界。

生活中处处充满了考验与机遇,如果女人舍得付出,生活也必然会变得格外美好。因而,做一个聪明的女人吧,从今天起,勇于付出,为自己收获更好的未来。

选择快乐,幸福一生

生活中我们常常听到女人们诸如此类的抱怨:做女人难,下辈子说什么也不做女人了,等等。听了这些话我就在想:做女人是多么幸福,难道她们没感觉到吗?或许她们真的感受到了生活的沉重,但她们只是没有寻找到可以缓解这种沉重的方法。

世上还有一些女人似乎生来就不知道愁为何物。她们勤勉工作,操持家务,生儿育女,似乎随时随地过得都很快活。当你打电话给她们时,从电话那端传来的总是洪亮清晰的语音、爽朗的笑声和那即使听不到看不见也能感受到的无穷活力。

做女人难道就如此不同,有的整天在忙着抱怨,而有的则每天被快乐拥抱!有人说,女人的情绪就像是传染病,而最大的易感染人群就是男人。一个女人,你烦恼,男人就会抑郁不快,你抱怨,男人就会跟着烦躁。但如果你是快乐的,男人也就会轻易地被这种快乐所感染。在一个美丽而忧郁和平凡而快乐的女人中间,男人会做出什么样的选择呢?

可以想见，所有的男人几乎都会毫不犹豫地选择后者。

小乔是一家杂志的副主编，他曾经做了一个有趣的实验：在玻璃上涂了一片墨汁，然后展示给两个女性看，让她们对那片墨汁做出想象。一个愁眉苦脸闺中怨妇模样的女性把那片墨汁想象成了乌云，而另一位容光焕发的女性则把涂鸦想象成了一幅泼墨山水——看见了吧，这就是悲观女人和快乐女人的不同。

小乔断言，这个悲观的女人尽管相貌美丽，但感情生活定不如意，而那位快乐的女人尽管没有惊人的容貌，但一定会有一个关爱她的男人。原因很简单，因为，一个整天郁郁寡欢或者牢骚满腹的女性远不如一个快乐的女性更能讨男人喜欢。

任何一个人在生活当中都不可能避免遭遇困难，但悲观女人和快乐女人的根本不同就是对待问题的态度。悲观女人会抱怨造物主的不公平，乐观的女人却用微笑来感染身边的每一个人。因为她清楚，抱怨于事无补，但微笑就是你最好的化装，它可以让所有的人都因为笑容而快乐起来。

如果被家庭琐事所困扰，悲观的女人会唠叨上半天，怨天尤人，把坏心情像瘟疫一样播撒出去。而快乐女人却不会为一件小事而唠叨、饶舌。她会放弃所有的活儿，躺在床上休息，在心平气和当中培养信心，直到把困难踩在自己的脚下。

悲观的女人是因为对物质有太多的索求，因为得不到才感到失落。她们喜欢嘈杂，喜欢喧闹，不甘心哪怕一点的寂寞落在自己的头上。等到失落了，她便会变得愤懑起来，渴望着得到灯红酒绿的生活。而快乐的女人却甘于清静，把寂寞当成一种享受去品味，喜欢在夜深人静的时候，看着一本喜欢的书，用聪明的头脑去创造自己的世界，然后在日记里自己向自己悄声细语：手中的书是我的世界，书写的日记是我内心的告白。

六、独立抉择,睿智提升女性的人格魅力

在男人看来,一个悲观的女人会让你一辈子都仿佛在地狱里生活,她的抱怨和唠叨,会让一个男人对她所有的爱变成厌烦。而一个快乐的女人给男人的感觉却是,即使身处烦恼但却总会被她的快乐所感染。

有两个女人,一个叫敏敏,一个叫羊羊。她们从小学到大学一直沿着几乎相同的人生轨迹发展,所不同的是敏敏快乐,而羊羊却很悲观。两个人几乎在同一时间交了男友,敏敏的男朋友很穷,而羊羊的男朋友却很富有。

"敏敏,你知道我没有钱。"敏敏的男友总是很自卑。

"你以为我是看中了你的钱袋?只要有你的人在,有一天你的钱袋也会鼓起来的!"面对男友空空如也的钱包,敏敏仍旧快乐如初。

而羊羊的男友则整天开着车和公子哥混在一起。"羊羊,我一定要让你享受最富有的生活!"羊羊的男友信誓旦旦。

"哼,看看人家女朋友戴的戒指,你再看看我的?"羊羊总是这样以羡慕的目光看待别人。

再过几年,敏敏和羊羊都结婚了。敏敏和老公挤在单位分的一间狭小的公寓里,他们的日子每天都被敏敏的快乐渲染得充实而快乐。羊羊和老公住在别墅里,做起了全职太太,但抱怨之声却每天都不绝于耳:"每天都这样无聊,简直太没劲了!"

又过了几年,敏敏和老公搬进了大房子,并且一个鲜活的小生命也出世了,敏敏的家每天都被快乐所包围。而羊羊的老公在生意场却栽了个大跟头,他期望从妻子那里找到安慰,然后从头再来。可羊羊给他的却是狠狠的白眼。面对每况愈下的生活质量,羊羊的心情糟透了,她大声地抱怨老公无能,抱怨钱袋越来越瘪。终于,老公发怒了,他们的婚姻也随之走到了

尽头。

　　这就是快乐女人和悲观女人的不同命运。原来，快乐是可以改变一个人的命运的。原来，悲观也可以改变一个人的命运。

　　其实，快乐的女人是智慧的女人，因为她看透了生命的本质。常有女人抱怨自己的日子过得如何艰难，如何没有意思，如何不顺心，然而我认识的一位女性却因一次不寻常的经历改变了自己的看法。去年年底，这位女性在生孩子时因早产而大出血险些送命。当她与死神擦肩而过，在病床上苏醒过来时，她突然领悟到生命的可贵和生活的价值。她对采访她的记者说："您见过佛教徒手里那串捻动不停的佛珠了吗？那些发亮的珠子有的是幸福和快乐，有的是不幸和痛苦，人的一生就是这样一颗一颗数过去的，当你知道了生命中有太多的坎坷和困难的时候，你就会以一种微笑去面对它。"

　　这位以前经常抱怨生活不公的女士在走下病床之后完全变成了一个快乐的人，她身边的朋友也逐渐多了起来。这也许就是快乐带来的魅力吧！聪明的女人选择快乐，这样的女人必然是幸福的女人。幸福其实很简单，只要你觉得快乐就好。

把亏吃在明处，才会收获更多

　　中国有句老话叫作"吃亏是福"，就其本质而言，就是一个利益交换等式，即吃亏等于福气，用眼前的利益去换取他人

六、独立抉择,睿智提升女性的人格魅力

的信任,从而谋得长远的利益。这才能称得上"吃亏是福"。如果女人掌握不了这一技巧,即使吃了亏,也只能是白吃,更谈不上有什么福气了。

齐丽是某家装饰公司的销售代表,她的工作职责就是负责与装修单位或个人进行业务磋商。前不久,她接到一位客户的单子,通过了解她知道这个客户是某大型楼盘的置业顾问。刚开始,双方就装修的细节谈判,感觉都能满意,然而最后装修报价双方意见不能达成一致。虽然,公司这边的装修报价已经很合理了,客户却仍然觉得价格太高,要求适当地降低。齐丽想了想,如果能够拉到这个客户,与他搞好关系的话,可以请他帮助自己拉几个装修的单子,那样的话,自己就能赚得更多。想到这一层,她就在没有对客户说明的情况下,主动牺牲自己的提成,满足了客户降低装修价格的要求。她认为,对方看到价格降下来,一定会明白是她牺牲个人的利益换来的,以后一定会还自己这个人情。

然而,事情的发展并没有像齐丽想的那样,当她日后向客户提出自己的要求,对方并没有领这个情。客户觉得之所以能够降价,完全是自己据理力争的结果,更没义务帮助她去拉单子。到头来,齐丽白白损失了自己的利益,不过也算掏钱买了一个教训,往后要懂得把亏吃在明处,才能在日后有所收获。

以上故事中齐丽原本想通过牺牲自己当前的利益,压低报价,以争取更多的未来利益。然而,她在放弃自己利益的时候,并没有让对方清楚这一情况,当然别人也不会平白无故领她的情。作为客户来讲,就是帮她拿再多的订单自己也没有好处。没好处的事情,还有谁会去做呢?因而,客户不买她的账也是人之常情。这个案例就是告诫女性,主动舍弃自己的利益,本身没有错,然而,如果想要得到回报的话,那至少应该

让对方看清楚你是舍弃自己的利益,成全了他,这样才能让吃亏者、受益者都心中有数,才能换来他人日后的知恩图报。否则,不知恩,怎么能图报呢?

因而,女人在与他人打交道时,要让对方明白你所遭受的利益的损失,从而换来对方的信任,方能帮助自己实现理想。女人与人相处时,难免遇到会吃亏的地方,如果大家都互不相让,结果总是两败俱伤。此时女人如果能够主动退让,让对方知道你主动吃亏来成全别人,自然可以换来他人的感动与认可,用"吃亏"换来别人"知恩图报的福气"。

也许有些女人会认为这种做法太傻,为什么要牺牲自己的利益成全他人。因为在某些女人看来自己也吃过亏,可是根本没有得到回报。其实,这是因为女人只看到事物的局限性,并没有看到回报的立体性、全面性及复杂性。她们往往狭隘地认为:"我在某人身上吃了亏,就一定要从他身上找回来。"其实,更多时候,女人吃了某些亏,却通过其他方式或途径得到回报。

相信看了下面的故事,你会明白一点。

吴燕刚从北京调到天津,单位领导给她暂时解决了两间旧平房。听到这个消息她很激动,然而,看到房子时内心却有些失落。因为,分给她的宿舍属于20世纪50年代初建造的职工住宅。房屋低矮潮湿,还是通排结构,她的房屋与东边邻居的宅院相通,院内两棵石榴树相依而立。还算得上一道风景。可是好景不长,吴燕住进去还没两天,与她同时迁入平房的邻居抢先一步,在两棵树中间砌起一道墙。这两棵树并没有位于院子正中间,邻居砌的院墙侵入她的房界两尺多,对于这种行为,也有好事的邻居议论纷纷,认为不能由着他这样,绝不能吃了这个亏。

面对这个问题,吴燕也觉得过分,本想前去理论,但转念一想,这样做只会让两家以后难以相处,甚至会带来仇怨,并不能解决根本问题。相反,如果她能够让一步,换得两家和睦相处的话,也未尝不是一件好事。于是,她放宽心,主动原谅了邻居的行为,依然像以前那样对待。两家之间虽有院墙相隔,然而并没有断绝联系,相处融洽。

转眼间,等到单位建了新房,两家同时乔迁。装修之际,她遇到了麻烦。邻居二话没说,主动帮忙,最终使她按时住进新房里。

故事中吴燕与邻居之间因为一堵院墙产生摩擦,院墙的位置侵入她家院子里两尺,自家院子的范围变小。如果她怕吃亏前去理论的话,答案可想而知,不大可能拆了院墙,但一定会加深两家的矛盾。在矛盾面前,她最终决定主动让一步,以求两家能够和睦相处。任谁都知道邻居的做法不对,她却能宽大为怀,她的行为无疑会在他人心目中留下好印象。同样,对于这个明亏,邻居也不可能无动于衷,必然会从心里觉得歉疚。因而,当她搬家遇到难题时,主动帮助她。

如果说吴燕吃亏了,她的确曾经失去一些利益,白白地失去了自己的一部分院子。然而,她吃这个亏却在明处,大伙都知道她吃亏了,自然会从心里认同她的度量。她用利益换来了他人的信任,还换来了周围人的赞美,可以说,她牺牲自己的利益赢得了更多的人心,为自己建立了良好的人际关系。

女人在与人相处时,难免会出现一方吃亏、一方得便宜的情形。这个时候女人如果不肯妥协,吃点暗亏的话,会进一步激化矛盾。因而,聪明的女人能够适当妥协,主动让出自己的一些利益,以使得对方从心理上认识到自己的错误,发自内心地尊重女人的为人。作为回报,他会时刻想着还女人这个人情。日后，如果遇到难题的话，对方自然就会鼎力相助。相比较而言，用稍许的利益，换来他人的尊重之心，绝对值得。因而，聪明的女人明白，吃亏不仅可以帮助你赢得对方的心，还可以帮助你赢得周围人的心。

女人要会吃亏，不仅仅要懂得把亏吃在明处，更应懂得吃亏的限度。亏并非是吃得越大越有回报，如果不能把握好度，不仅不能在日后收到回报，相反，则可能为自己带来负面影响。那么，女性朋友们要学会吃亏，如何把握吃亏的度呢？

首先，吃亏也是要分情况的，有些亏可以吃，有些是坚决不可以吃的。与人相处，吃亏是难免的，然而，什么亏都吃的话，却未必是好事。吃亏要分情况，对一些能够带给他人正面帮助的亏，可以吃。因为你吃亏可以帮助别人渡过难关。但是，如果违背原则，是坚决不能妥协的。如果人人都肯吃这种亏，只会助长这种不正之风，破坏社会风气，到头来受害的人会更多。遇到这种亏，要学会拿起法律等有效武器维护自己的合法权益。

其次，同样的亏，也要掌握一个程度问题，不要以为吃大亏能够带来更多好处。中国有句老话："升米恩，斗米仇。"给人恩惠也要掌握一个度，要一点一点来，不要寄希望于你的慷慨就能为自己赢得更好的名声。更多的时候，因为人性的弱点会导致过多的索取，反而会让他们觉得你应该给的更多。因而，女人如果想要会吃亏，就要懂得用"升米"的亏去得"升米"的恩，否则你不但损失了"斗米"，反而会因此成为对方眼中的坏人。

吃亏，看似简单，然而，其中也是大有学问的。会吃亏的女人，可以让自己收获更多的回报。不会吃亏者，则可能会让自己吃了亏还成为别人眼中的坏人。因而，如果女人想要成为成大事者，就得先从学会吃明亏做起。

七、独立承担,风雨过后的彩虹总是别样的美丽

作家周国平说,每个人在世上都只有活一次的机会,没有任何人能够代替你重新活一次。如果这唯一的人生虚度了,没有任何人能够真正安慰你。认识到这一点,我们对自己的人生怎么能不产生强烈的责任心呢?女人要独立承担起自己应该负的责任,自己的责任就要自己扛起,一丝一毫都不依赖别人。

做一个自信的女人

自信的力量是非常强大的。"自信会给人无穷的力量。"两支足球队在场上交锋,一队势如破竹,另一队节节败退。但是突然间,居劣势的那队获得重大转折——可能是一记长传或中途拦截,获胜希望增强为一股信念,令球员个个士气大振。他们感到胜利在望,而这种感觉在对手眼神的刺激下更为强烈,许多球员因而心中想:好,再拼下去!

俄罗斯有一个囚犯被判 99 年监禁,不会有人认为他能够活着出来,因为他出狱时已经 100 多岁了。可是这个囚犯就有这样一个信念:我一定要活着出去建立自己的家庭。就是在这个信念的支撑下,一个又一个狱卒去世了,而他竟然活着出了狱,并且出狱后他真的建立了自己的家庭。

自信是人生巨大的能量供应站,一个有自信的人就能成就其非凡的人生。

自信的力量在于你即使身处逆境,它也是帮助你前进的风帆。

自信的魅力在于你即使遇到厄运,它也能召唤你生活的勇气。

自信的伟大在于你即使遭遇不幸,它也能保持你崇高的心灵。

自信,是蕴藏在你心中的一团永不熄灭的火炬,这把火炬是任何人、任何势力都无法扑灭的。要使人生不在平庸中度过，让生命放射出夺目的光辉，自信就是第一道光焰。

一个自信女人，从来都不会在生活中迷失自己，因为她们懂得自卑只会让她们的人生一片昏暗，唯有自信才会让她们的人生充满希望。对于自我，她们从来都不排斥，也不拒绝，而是坦然接受自己本来的样子，相信自我是她们追求成功之路必走的一步。

一个叫小琪的女孩子，自小就患上了脑性麻痹症。因肢体失去平衡感，她手足常常乱动，还眯着眼，仰着头，张着嘴巴，口里念叨着模糊不清的词语，模样十分怪异。这样的人其实已失去了语言表达能力，不亚于哑巴。但小琪硬是靠她顽强的意志和毅力，考上了美国著名的加州大学，并获得了艺术博士学位。她靠手中的画笔，还有很好的听力，来抒发自己的情感。

在一次讲演会上，一个不懂世故的中学生竟然这样提问："小琪博士，你从小就长成这个样子，请问你怎么看你自己？"在场的人都在责怪这个学生的不敬，但小琪却十分坦然地在黑板上写下了这么几行字："一、我好可爱；二、我的腿很长很美；三、爸爸妈妈那么爱我；四、我会画画，我会写稿；五、我有一只可爱的猫；六……"最后，她再以一句话作结："我只看我所有的，不看我所没有的！"

不愧是小琪博士！她以自己的实践，道出了走好人生路的真谛：人不可自卑，要接受和肯定自己。接受自己就是不否认自我，不回避现实；肯定自己就是尽力发挥自己的优势，多看多想自己好的一面，就能增强信心、充满活力。

人或因先天或因后天而造成外表缺陷，这都是自己无法选择的，但内心状态、精神意志却完全是靠自身力量抉择的。还是那句"天生我材必有用"，在当今纷繁的世界上尤其应接受和肯定自己，任何悲观情绪都不利于走好你的人生之路。

承认自己比别人差，但并不安于比别人差这个现实，要立志赶上别人，甚至在某些方面超过别人，你就大有希望。贝多芬说："要扼住生命的咽喉。"林肯在填写国会议员履历表时，也不忘填"有缺点"，但他善于把握自己，把自卑化为强大的内驱力，终于达到人生的巅峰。

吉尔·金蒙特的自信令她的整个生活的方向都发生了改变。1955年，18岁的金蒙特已是全美国最受喜爱、最有名气的年轻滑雪运动员了，她的照片被用做《体育画报》杂志的封面。金蒙特踌躇满志，积极地为参加奥运会预选赛作准备，大家都认为她一定能成功。

1955年1月，一场悲剧使她的愿望成了泡影。在奥运会预选赛最后一轮比赛中，金蒙特发生了一次意想不到的事故。她先是身子一歪，而后就失去了控制，像匹脱缰的野马，直冲下去。她竭力挣扎着想摆正姿势，可无济于事，一个个的筋斗把她无情地推下山坡。

金蒙特经过医院抢救，最终保住了性命，但她双肩以下的身体却是永久性瘫痪。金蒙特认识到活着的人只有两种选择：要么奋发向上，要么灰心丧气。她选择了奋发向上，因为她对自己的能力仍然坚信不疑。几年来，她整日与医院、手术室、理疗和轮椅打交道，病情时好时坏，但她从未放弃过对有意义的生活的不断追求。

历尽艰难，她学会了写字、打字、操纵轮椅、用特制汤匙进食。

1963年，金蒙特成为了华盛顿大学教育学院的一位教师。想当教师，这可真有点不可思议，因为她既不会走路，又没受过师范训练。她向教育学院提出申请,但系主任、学校顾问和保健医生都认为她不适宜当教师。录用教师的标准之一是要能上下楼梯走到教室,可她做不到。但是任何困难都不能动摇她的决心。金蒙特的自信最终促使她历经艰难成就了她的梦想。

由于教学有方,金蒙特很快受到了学生们的尊重和爱戴。她教那些对学习不感兴趣、上课心不在焉的学生也很有办法。她向青年教师传授经验说:"这些学生也有感兴趣的东西,只不过和大多数人的不一样罢了。"

后来,她父亲去世了,全家不得不搬到曾拒绝她当教师的加利福尼亚州去。

她向洛杉矶学校官员提出申请,可他们听说她是个"瘸子"就一口回绝了。金蒙特不是一个轻易就放弃努力的人,她决定向洛杉矶地区的九十个教学区逐一申请。在申请到第十八所学校时,已有三所学校表示愿意聘用她。学校对她要走的一些坡道进行了改造,以适于她的轮椅通行。这样,从家里坐轮椅到学校教书就不成问题了。另外,学校还破除了教师一定要站着授课的规定。

从1955年到现在,很多年过去了,金蒙特从未得过奥运会的金牌,但她的确得了一块金牌,那是为了表彰她的教学成绩而授予她的。

人生的轨迹不是预定的,但无论是处于高峰还是低谷,坚强的信念永远都是一股巨大的动力,它可以推动你去做别人认为你不可能做到的事情。

卢梭有言:"信念,是抱着坚定不移的希望与信赖,奔赴伟大荣誉之路的热烈感情。"的确如此,大千世界,古今中外,无论一艘船、一个人、一支球队、一个组织,要创业、要前进、要实现奋斗目标,要干一番惊天动地的伟业,就要坦然面对困难与挫折,并在坚强信念的支撑下勇敢地战胜各种风浪、困难和艰险,最终一定能乘长风破万里浪,驶向成功的彼岸。

承担起教育孩子的责任

妈妈的角色是自然赋予的,但是妈妈的职责却是人为坚守的。一个称职的妈妈,就应该承担起教育孩子的责任。

小强从小就是个调皮的孩子,妈妈对他没少费心。不是今天不小心摔伤了腿,就是明天和小朋友闹矛盾。妈妈整天担心,不知道会出什么事。直到他顺利地进入初中,妈妈认为孩子长大了,自己能省心一下了。

谁知刚上初一没几天,老师就反映小强迷恋上网,一放学就往网吧跑,妈妈又开始为他发愁。等他回到家里,妈妈好好地劝说了小强一通,让他好好学习,以后考上大学就给他买电脑,小强向妈妈保证以后不去网吧了。妈妈意识到,在孩子发展的任何一个阶段,自己都不能松懈,对孩子发生的问题,一定要及时解决。

无论何时何地,孩子最亲近和依赖的人都是妈妈。妈妈要尽职,这个职责不是一次性的,而是贯穿妈妈的一生,孩子什么时候出了问题,妈妈都要去处理、去过问。

妈妈对孩子的影响和教育是没有止境的。孩子小时候,妈妈负责养育和教导,长大了,妈妈应该监督孩子的行为是否在

七、独立承担，风雨过后的彩虹总是别样的美丽

正常的轨道上。可以说妈妈无时无刻不在关注着孩子，这是母性使然，也是妈妈的职责在起作用。

如果妈妈没有尽到职责，就不是一个合格的妈妈，即使孩子不会心生抱怨，妈妈自己也会自责。没有什么比孩子没有出息更让妈妈伤心和感到自己的失败了。因此，妈妈要明确地认识到，自己作为妈妈是一辈子的事，孩子永远是自己的责任，做一个合格妈妈、好妈妈将是自己一生的追求。

世界上没有一种爱可以和母爱相比，高尔基说："母爱是世间最伟大的力量。没有无私的、自我牺牲的母爱的帮助，孩子的心灵将是一片荒漠。"每个妈妈都应该为此而感到幸运，因为自己是拥有世界最伟大母爱的人了。

身为妈妈，会把最无私的爱给孩子，不仅因为孩子是生命的延续，更是因为妈妈天性如此。没有谁比孩子更能让妈妈付出一切，且无怨无悔。这就是妈妈的伟大，母爱的无私。

妈妈尽守着这份无人替代的责任，虽然会劳累，费心费神，但是妈妈却感到幸福。孩子是妈妈一生的依托，妈妈在有生之年都摆脱不了自己的责任。

晴晴的奶奶经常在家里给爸爸"上课"，说这个事应该这样办，那事你不能这样做。虽然爸爸都清楚该怎么做，但还耐心地听着，从来不嫌奶奶烦。

晴晴不理解，对爸爸说："爸爸已经长大了，知道怎么做事了，奶奶还不放心啊！"爸爸笑着说："奶奶是在尽她做妈妈的职责啊！孩子在她心里永远是个孩子。"

孩子的身体会长高，变得强壮，孩子的智力会超过妈妈，孩子的能力会大过妈妈，这一切使妈妈在长大的孩子面前显得很弱小。但是无论孩子多大，在妈妈的意识里，孩子都是需要妈妈教导的。这是为什么很多老年人经常在孩子面前唠叨的原

因，也是把妈妈职责尽守一辈子的表现。

做一个合格的妈妈，就要具有一辈子教导孩子的心理，不能认为孩子大了，就任由他们去了。

妈妈在面对孩子学习、成长的过程中，一定要认识到对孩子的职责，不能推卸责任，随便地应付孩子。

悦悦今年上小学一年级。老师布置了家庭作业，交代做好后要请妈妈检查。小玲的妈妈正和几个朋友打麻将，小玲等到他们打完一局，小心地走到妈妈身边，让妈妈帮她检查作业，但是妈妈根本没看一眼，就说："做完就行了，玩去吧。"

到学校，老师发现小玲的作业有些错误，就问她让家长看了没有？她说妈妈忙，没看。老师批评了小玲一顿。小玲很委屈，放学回到家就哭了起来，妈妈也没有理会她。

作为妈妈，就要明白自己对孩子所担当的责任，特别是幼年和童年期的孩子，妈妈如果没有尽好自己的职责，就会伤害到孩子幼小的心灵。

不恰当的教育理念和方法不利于孩子的成长，会使孩子在心灵上受到伤害，在学习上克服不了困难，在道德上形成不良品行。这是教育孩子的失败，也是做妈妈的失职。妈妈不仅要给孩子一个健康的身体，还要给孩子健全的人格，培养孩子全面发展的能力，成为一个能独立生存的社会人。所以妈妈一定要掌握正确的教子方法，不做失职的妈妈。

中国受几千年封建思想的影响，传统教育的方法要适应当今社会必须做一些改进，如若不然，恐怕不但不能把孩子教育好，反而会给家庭增加不和谐的因素，给孩子带来伤害。

妈妈要知道正确的教子观念是什么，这样才能够更好地指导自己的行为，让孩子在一种轻松、随意、自主、自由的氛围中，培养出良好的品德、规范的行为、健康的人格、坚强的意志等。

一个合格的妈妈，会运用自己的智慧，在正确理念的指导下，使用科学、机智的方法，在友善和谐的氛围中，把孩子的潜质充分激发出来，调动孩子的积极性，让孩子自主成才，而不要让孩子在自己的强制下发展。

孩子就是一棵幼苗，需要妈妈的精心呵护，但妈妈必须明白幼苗的生长规律，给予恰当的施肥浇水，幼苗才能茁壮成长。违背其发展规律，则会使幼苗长成畸形或早夭。懂得正确的教育理念，就相当于掌握了生长规律，才能让孩子健康成长。

过分严格会对孩子幼小的心灵造成伤害，特别是打骂教育，更不是管教孩子的好方法，因为这样只会出现两种后果：要么孩子会更叛逆，要么会产生恐惧心理。而过分溺爱会使孩子从小养成一些坏习惯，丧失独立能力。这些都不是教育孩子的正确理念。

妈妈在教育孩子的过程中，要注意爱孩子的方式，要把握一个度。在适度的范围内，该严则严，该放则放，进退自如。极端的严格或溺爱的方式，都对孩子的成长不利。

孩子也是一个独立的个体，也有自己的思想和自尊，妈妈在孩子面前，要像朋友一样说话、相处，不要给孩子造成距离感，这样孩子才愿意说出自己的想法，母子通过相互沟通，才能相互理解，孩子也才会"听话"。

可可是个顽皮的小女孩，每次都把玩具弄得到处都是。妈妈通常会不耐烦地走过来对她说："赶快把玩具收拾好，看你弄得这么乱，以后不给你买了。"可可就像没听见一样，照样自顾自地玩她的。

一天妈妈在书上看到要和孩子平等说话，她试着蹲下来，正视着可可说:"宝贝,你把玩具收拾一下好吗?一会儿要来客人,让人家看到这么乱多不好。"可可认真地看了看妈妈,开始收拾起来。

平等对待孩子,把他作为一个正常的能思考、懂合作的人,像朋友一样和他交谈,他会理解你的,并且会很配合你的要求。

对孩子的教育要因材施教,两千年前伟大的教育家孔子就实施了这个理念并证明了它的正确性。孔子根据学生的资质和心理、思维的不同特点而施教,可谓变化无穷。后人叹服"夫子教人,各因其材"。这对今天的教育仍有重要的指导作用。

身为妈妈,一定要承担起教育孩子的责任。但是教育孩子也是有方法的,聪明的妈妈懂得因材施教,正确地教育自己的孩子。

给孩子树立好榜样

很多人都知道狼孩的故事,大概是讲一个孩子被放到狼群中养,长大后有回归到人类社会的人生历程。但是,小孩已经习惯了在狼群构筑的社会里生活,他所学习到的语言机能、行为模式都已经被固定了下来,以至于小孩在现实社会里很难生存,最后还是只有回到狼群中生活。这个故事所蕴含的道理也异常浅显,就是早期教育对于孩子一生的影响将是非常重

七、独立承担，风雨过后的彩虹总是别样的美丽

要的。

在一个家庭中，妈妈承担抚养、教育孩子的主要责任，妈妈是孩子的榜样，孩子也是妈妈的一面镜子。因此要教育好孩子必须教会孩子"孝顺、忍耐、谦让、宽容、与人方便"，妈妈必须以身作则。孩子对妈妈具体行为的体验往往比枯燥、空洞的语言说教更有效果。列夫·托尔斯泰写过这样一则故事：

一位老人年纪很大，吃饭时，口水、鼻涕不断。儿媳妇嫌他脏，就把他赶到灶边去吃饭。有一次，老人不小心把碗打破了，儿媳妇破口大骂："老不死的，以后用木盆吃饭！"过了几天，夫妻俩发现儿子在拿斧头做一件东西，一问，儿子一本正经地说："我在做木盆，等爸妈老了吃饭时用，免得打破碗。"

类似的故事不胜枚举。这些故事告诉我们，作为妈妈一定要严于律己，处处以身作则，作出榜样，用好的思想品德、作风去熏陶和影响孩子。

孩子的心灵，是一块奇怪的土地：播下思想的种子，就会有行为的收获；播下行为的种子，就会有习惯的收获；播下习惯的种子，就会有品德的收获；播下品德的种子，就会有命运的收获。为了在这块土地收获"命运"，我们要细心呵护，绝不能让它杂草丛生，一片荒芜。如果外面的空气有点儿污染，那么我们就要小心地为它拂去浮尘；如果窗外下着小雨，那么我们就要小心地为它撑起一把伞。

妈妈是孩子的第一位老师，也是对孩子影响最大的老师，妈妈的言传身教，甚至是一举一动，都会对孩子产生很深远的影响。一颗小小的种子，谁能料想到能长成一棵参天大树呢？可有很多妈妈还在推卸责任，"又不是我让他这样的！"真的不是你的责任吗？你在孩子身上看不到你自己的影子吗？你其

实正在自觉不自觉地把孩子朝着某个方向引导。

"悲天悯人"的情怀虽然有后天的修养与教育形成，但是它仍然是来源于孩子妈妈的善良根基。

比尔·盖茨就说过，自己在妈妈那里得到的是"虔诚和善良"，我们在比尔·盖茨对全世界贫困地区的大量捐款上就可以看到妈妈的印记。

冷静镇定的妈妈使孩子学会坚忍不拔

在很多文学作品中，或者是有形宣传影像中，我们大多数情况下看到的是遇到灾难时候的妈妈，不是嚎啕大哭就是绝望的想到自杀，然而在现实生活中，我们见到的是令人们难以形容的场面上，一个妈妈的镇定和冷静足以让人终生不能忘记。

文化深厚的妈妈会影响孩子的深刻思考

有文化的妈妈绝对会影响孩子的思维，如果是文化深厚的妈妈似乎就更能影响孩子的深刻思考，就像一个还不会走路的孩子在大人手牵手的带领下慢慢学会走路一样。

有文化的妈妈从孩子出生那天起就在每一天的生活里，一点点地影响孩子，让他们杜绝粗俗；让他们远离简单；让他们知道深刻……

著名作家金庸就曾经说过，他对小说的人物内心深处的探索很多受妈妈的文化影响。金庸的妈妈徐禄是徐志摩的姑妈，在那个时候就读过高中，并能写一手漂亮的水笔字。

有修养的妈妈会铸就孩子的品质

"修养"这个名词在每个人身上的体现，那就是一个人的品质，一个人的品质优秀往往又能成就他的事业。

那么修养即使在成年之后如何"建设"。其实大多数的修养还是从妈妈那里点点滴滴"浇灌"的。

妈妈尊老爱幼，孩子自然就会模仿；妈妈节俭有度，孩子自然就会拒绝奢华；妈妈彬彬有礼，孩子自然就会谦虚不傲……

每一个人的妈妈都在以她们各自的形象影响着自己的孩子，虽然在这里举出的都是名人的妈妈，这不等于我们没有注重平凡的妈妈，只是这里所举出的妈妈形象大家都知道和熟悉，所以她们就具有一定的代表性。

其实即使是我们自己的妈妈，她们身上同样会有这些美好的人格特征和精神品质，唯一的区别就是只有我们自己清楚。

孩子是一张"白纸"，妈妈们若不注意培养自身的修养，很容易把不良习气传给孩子，在"白纸"上留下污点。为了孩子的健康成长，妈妈们也得谨言慎行，当好自己孩子的老师。妈妈以人格育人格。品行不良的妈妈很容易培养出品行不良的孩子，心理扭曲的妈妈，很容易使孩子失去辨别美与丑的能力，从这个意义上来说，妈妈在孩子的幼年给孩子奠定什么样的生命品质，将决定着这个孩子的一生是否过得美好和幸福。

行为习惯不是一夕一朝就能建立起来的，它有自我认知及他人影响两个构成部分。所以，要想宝宝长大以后是一个知书达理的人，妈妈们更要注重从小事做起，在生活的点点滴滴中进行引导。比如，坐公共汽车的时候，家长可以主动把自己的座位让给旁边有需要的乘客，可以是老人、孕妇或抱有小孩的人。或者是在排队付款的时候，尊重规则有序地站在警戒线以外的地方，这样，宝宝们就会认为父母都是那样做的，那理所当然我也该这样。

在教育孩子应该怎么做怎么想的同时，自己必须也要做到言行如一。这才更是从本质上影响孩子的关键所在。所以，在妈妈们在说出口之前，首先一定要自己先做到，切忌太过随便。这样,会让孩子觉得自己被欺骗的感觉,将来在对诚信的理解上多少也会出现一些偏差,甚至是一个不讲诚信的人。所以,在对小孩子早期的教育中,言传和身教这两方面都不可缺少,并且要得到某种程度的统一,才是对小孩的成长真正有益的。

每一个孩子刚生下来都像一张白纸,这张白纸上面将要画什么,这就取决于你要在上面给他画什么了。生活中,你的每一个动作都潜移默化地影响着孩子,这种影响对孩子可能是终生的。

作为孩子的妈妈,你们要为孩子树立一个好榜样,要经常观察孩子的一言一行,凡事慎重考虑,该回避的一定要回避。并且事事言传身教,处处以身作则,让孩子真真实实感受到你们是崇高的、伟大的,是值得信赖的朋友。从而,他们会更加尊重你们,并乐意接受你们的教诲。要想教育好孩子,做妈妈的就要注意自己的言传身教作用了。你要以自己得体的装束、优雅的举止、文明的行为去影响孩子,给孩子树立一个好榜样。

承担对工作的责任

敬业是一种对工作负责的态度,敬业是一种使命,是人类共同拥有和崇尚的一种精神。朱熹解释敬业为"专心致志,以事其业"。孔子称敬业精神为"执事敬"。现代意义上的敬业，就是尽职尽责、忠于职守、认真负责、全心全意、善始善终、一丝不苟，我们把这些特点概括起来，用三个字来形容就是责任心。IBM公司的创始人沃森说，敬业是一种美德，IBM公司将"敬业"和"思考"作为公司永不终止的信条和追求。要求加入公司的员工都要具有敬业精神，他对公司员工说："如果你是敬业的，你就会成功。只要热爱工作，工作的水平自然会提高。对工作敬业的人没有时间来苦恼，也不会因困惑而动摇。"

　　敬业不只是对企业负责，对本职工作负责，更是对自己负责，对自己的职业生涯负责。那种把敬业当成为老板卖命的想法，忽略了很明显的一个事实：企业必须有效益，老板必须要赚钱，是理所当然的事情。否则，企业如何生存，自己的工资福利又将从何而来？如果老板不赚钱了，企业破产了，自己又要去哪儿工作？因为自私与目光短浅，他们只关注自己的利益，只看到眼前的实际好处，只想到自己的付出与别人的收益，却忘了去思考付出与回报背后的真实情况，所以也就很难了解一个敬业者究竟能得到什么。

　　工作不是为企业或老板打工，而是为自己打工。同理，敬业不是为了别人，也是为了自己。敬业的人能从工作中学到比别人更多的经验，而这些经验正是他们向上发展的踏脚石。哪怕将来他们换了地方从事不同的行业，丰富的经验和好的工作方法也会为他们带来许多帮助，为他们的成功奠定基础。

　　很多公司在招聘中都要考核应聘人员是否敬业。作为职场中的女人，敬业是你应该具有的基本职业素质。

　　要做到敬业就要在工作中严格要求自己，而不能松松散散地混日子，日子混久了，你会给老板和同事留下"不敬业"的印象。敬业，是一种积极向上的心态，是职场从业者的基本价值观和信条。如果一个人以一种尊敬、虔诚的心态来对待职业，甚至对职业有一种敬畏的态度，那他就已经具有了敬业精神。所以，敬业是职业精神的首要内涵，是职业道德的集中体现，是责任心的体现。

责任心，即责任感，也就是敬业精神的核心内容，甚至把它理解为一种崇高的精神境界也一点不为过。敬业，就是尊重并重视自己的职业，对此付出全身心的努力，即使付出再多的代价也心甘情愿，并能够克服各种困难做到善始善终。但是在企业里，你是否会发现这样一些人，他们总是在工作中偷懒、不负责任。这样的员工，在他们的头脑中根本就没有对敬业有一个正确的理解，更不会把工作当成一种神圣的使命。

有一个老木匠，他今年已经65岁了，他告诉雇主他的年纪大了，已经干不动了，他要回家与妻子儿女享受天伦之乐了。老木匠一辈子老实巴交的，每次见到他总是在那里闷头干活，因此雇主也很器重他。经过再三的挽留，老木匠似乎决心已定，雇主只得答应了他的请求，但要求他最后再建一座房子，老木匠为了能尽快回家只得无奈地答应了。可是，现在老木匠的心思已经不在盖房子上了，他只想快点、再快点完工，对于建筑中所需要注意的问题，他也懒得再多花费心思去琢磨，往日的敬业精神已不复存在了。

很快，房子竣工了，雇主来了，他拍拍老木匠的肩膀，将一把钥匙交到老木匠的手上诚恳地说："老伙计，这房子归你了，这是我送给你的退休礼物。"老木匠顿时感到十分的震惊和后悔，回想他这一生盖了无数好房子，最后建了一座这样粗制滥造的房子，自己却要住进去。这真是莫大的讽刺啊！这或许就是因为老木匠没有把敬业精神贯彻到底的缘故吧。

职场中的女人，应当将敬业当成一种习惯。即使在极其平凡的职业中，只要全身心地投入进去，就可以把事业做大，像李素丽一样尽职尽责为人民服务，终将成为杰出的人，在自己的领域里取得成就、获得成功。究其原因，她不仅仅只是把工作当做一种谋生的手段，而是把它看成是一种使命、一种责任。

低层次的敬业是为了对老板有个交代。从更高的层次来看，敬业则是把工作当成自己的事业，具有一定的使命感和道德感。不管从哪个层次来讲，在职场中，我们都应该做一个敬业的职业人，认真地做事，有始有终。

认真地工作，表面上看是为了获得领导、同事的认可和赞扬，实际上是为了自己，如果你具有敬业的职业习惯，就能从工作中学到比别人多的经验，这些经验是你以后事业发展的铺路石。即使你以后不从事这个行业，你的敬业精神也会对你产生积极的影响，因为它已经成为你做事的习惯，一个习惯认真做事的人，不论从事什么行业，都会不断进步，直到取得成功。

养成敬业的习惯之后，也许不能为你带来即时的好处，但可以肯定地说，那些在工作中善于投机取巧、逃避责任、寻找借口的人一定会尝到失败的痛苦。有一些人，本来很有一些才华和能力，但是对待工作却自由散漫，缺乏敬业精神。这种人将很难得到别人的尊重。一个对工作不负责任的人，是无法从工作中体会到快乐的。当你将工作推给他人时，实际上也是将自己的快乐和信心转移给了他人。

敬业同时还是一种人生态度。对工作不负责的人，就是对自己的人生不负责。敬业不仅仅表现为认真负责的工作态度，它还是一种发自内心的要求上进、不甘平庸的勤奋精神。

很多时候，不能只是抱怨环境不好，待遇不好，老板不好，而是应该反省一下自己，对于工作，你有没有投入全部的精力，有没有养成敬业的习惯，如果这些你都做到了，肯定会得到老板的赏识和重用。

当你将敬业当成一种习惯时，还能在工作的过程中找到快乐。不抱怨，怀着感恩的态度去工作。既然公司给了你工作机会和发展空间，你就有责任、有义务认真地去做好每一项工作，这样做不仅仅是为了工作或者别人，更是为了你自己。

只有当你将敬业变成一种习惯的时候，才会发现自己可以从工作中学到更多的知识，积累更多的经验，能从全身心投入工作的过程中找到快乐。

此外，敬业还表现为尽职尽责、善始善终等职业道德，其中所蕴涵的使命感和责任感，让敬业精神成为一种最基本的做事之道，成为成就个人事业的首要条件。如果员工以一种尊敬、虔诚的心灵对待职业，甚至对职业有一种敬畏的态度，他就已经具有了敬业精神。在竞争越来越激烈的现代职场，敬业是成就大事不可或缺的重要条件。它是强者之所以成为强者的一个重要原因，也是一个弱者变为一个强者应该具备的职业能力。

敬业的人一直都是企业争抢的对象，因为员工敬业的最直接结果是企业的不断发展。如果拥有敬业精神，工作尽心尽力尽责，那必然会受到老板的欢迎。而且，这种敬业精神也会感染其他员工，形成一种良好的工作氛围。所以，企业里敬业的员工才是老板最倚重的员工，也是最容易成功的员工。如果员工能力一般，但是忠诚敬业会让他走得很远。

女人们，你们想做一个独立的人吗？那么，就请让自己从家庭中独立出来，认真做好工作，打造属于女人的一片天，而这一切都需从敬业做起。所以，女人们学会敬业吧！

学会自立,学会坚强

一个女人要想独立,就必须先要学会坚强。在生活中,我们不可能不遇到挫折。最能表现一个人的进取心的就是勇于面对挫折,战胜挫折。然而,面对挫折,富有进取心的女性总是能够不断地将它克服。永远也不要消极地认定什么事情是不可能的。首先你要认为你能行,再去尝试、再尝试,最后你会发现你确实能行。

美国广告界的工作狂人亚·克罗尔是一个不畏惧挫折的人,他的信条就是:"困难是暂时的,只要努力,最终就能战胜它。"这种不畏困难所表现出来的进取精神,终于使他获得了巨大的成功。

《易经》曰:"天行健,君子以自强不息。"坚强是一种品性,是经过千锤百炼磨砺出来的,是每个人在不幸中用来支撑身心的精神脊梁。倘若不坚强,极有可能永远生活在一个狭小的空间里,至于那些更多更广的事物是无法经历的。坚强的女人,即使遇到重重苦难,仍不会被压弯了脊梁,她们向人们展示的永远是昂首挺立的姿态。可以说,坚强为女人撑起了幸福的天空。

人生中,不如意事十之八九。在巨大的人生灾难面前,如果选择了坚强,一切都会变成风雨之后的彩虹,绚丽而又张扬。坚强的女人,能够更加从容地面对生活。就像破茧而出的蝴蝶，经历了痛苦后，绽放出魅力四射的光芒，展露出令世界为之倾倒的美丽。

有这样一个女人，1904年6月，她以优异的成绩毕业于哈佛大学拉德克利夫女子学院。她在全美巡回演讲，为促进实施聋盲人教育计划和治疗计划而奔波。1921年，她成为美国盲人基金会民间组织的领导人之一。繁忙的工作中，她先后完成了14部著作：《我生活的故事》、《石墙之歌》、《走出黑暗》、《乐观》等，都产生了世界范围的影响。她把一生献给了盲人福利和教育事业，赢得了全世界人民的尊敬，联合国还曾以她的名字为主题发起一场世界运动。霍姆斯博士在梅里迈克河边幽静的家里为她读《劳斯·豆》诗集，马克·吐温为她朗读自己的精彩短篇小说，他们建立了真挚友谊。她曾说："谁都知道自己难免一死。但是这一天的到来，似乎遥遥无期。当然，人们要是健康无恙，谁又会想到它，谁又会整日惦记着它，于是便饱食终日，无所事事。请你思考一下这个问题：假如你只有三天的光明，你将如何使用眼睛？想到三天后，太阳再也不会在眼前升起，你又将如何度过那宝贵的三日？又会让眼睛停留在何处？"

那么，她是谁呢？她就是海伦·凯勒。1882年，因为发高烧，一岁多的她脑部受到伤害，从此，她什么也看不到、听不到，以至于连话也说不出来了。她在黑暗中摸索着长大，她坠入了一个黑暗而沉寂的世界，陷进了痛苦的深渊。七岁时，苏利文老师教会海伦用手触摸学会手语，摸点字卡学会了读书，后来用手摸别人的嘴唇，终于学会说话了。苏利文老师把最珍贵的爱给了她，为了回报老师对她的爱，她又把爱散播给所有不幸的人，带给他们光明和希望。人世间美好的思想情操，莫过于隽永深沉的爱心，以及踏踏实实的追求，这些都会像春天的种子深深植入海伦的心田。上帝让她来到人间,似乎是向常人昭示着残疾人的尊严和伟大。正如著名作家马克·吐温所言:"19世纪出现了两个了不起的人物,一个是拿破仑,一个就是海伦·凯勒。"

从海伦·凯勒的身上,我们看到了一个女人的坚强。

坚强的女人,抛弃软弱,选择坚忍。她不是经不起风雨的花草,而是傲然挺立的木棉。女人是柔弱的,只有显得富有韧性,更加富有弹性,才不容易被打垮,这是女人生存和立足社会最重要的条件之一。

坚强的女人,选择与勇气为伴。她们流过泪,失声地痛哭过,但是在擦干泪水后,依然能展现出坚强的自己,重新拾起掉在地上的画笔,用勇气与信心在逆境中为自己描绘一片晴朗的天空。

坚强的女人,与忍耐为伴。她们用坚强守护着心灵,让灵魂在美好的港湾停泊。她们坦然地面对一切突如其来的挫折,并将这些转化为前行的动力,最终走向成功。她们做事有耐心,她们勇敢愉快地面对任何局面。

坚强之于女人,是一把双刃剑,多则盈,少则亏。少了它,往往使女人陷入唯唯诺诺、自怨自艾、失去自我、无法自拔的境地;多了它,往往使女人陷入一意孤行、自高自大、只有自我、永不停歇的境地。可见,坚强也要适度。

为了自己,做个坚强的女人吧!也许你的生活之路现在布满荆棘,也许你的生命之舟开始颠簸摇摆,但是只要拥有坚强,你就会手持利刃,披荆斩棘,为自己创造出一条比别人更为瑰丽的道路来。

然而,当有些女人遭受生命变故的时候,总会不停埋怨老天:"为什么是我?""为什么我就这么倒霉?""我为什么这么命苦?"……

即使哭哑了嗓子，事情也不会无缘无故地好转，所以要坚强地面对。

碰到令人伤心的事情发生时，你第一个念头要告诉自己："困难来了！这是必经的进程，只有自己能帮助自己，所以我勇敢面对，现在就想办法处理！"

女人的坚强来自于她们能把自己本身所具有的聪慧与灵性、勤奋与追求充分调动起来；来自于她们善于独立思考，绝不人云亦云，勇于走自己的路。所以，坚强的女人都有自己独特的行事作风和处世原则，能展示独特的个性，使别人了解自己，注意自己。这样，很有可能以自己独特的魅力吸引到一大批的志同道合者，共同开创美好事业。从这个意义上说，女人的坚强无疑是一种力量，更是一种财富。

董明珠，珠海格力电器股份有限公司总裁。从一位普通的江南女子成长为一位商界奇才，董明珠的成功之路似乎显得尤为艰辛。

1990年，怀着对未来生活的美好憧憬，已过而立之年的董明珠毅然辞掉南京一家科研所稳定的工作，抛下年幼的儿子，只身来到珠海，应聘到当时名不见经传、只能生产少量老式窗式空调的海利空调器厂（格力空调的前身）成为了一名业务员。

在跟着一位老业务员熟悉了几个月的业务后，董明珠被派到安徽开拓市场。一到安徽，她就发现合肥一家经销商拖欠了42万元的货款，虽然多次催促，仍迟迟不还。这是前任业务员留下的烂账，董明珠本来可以不管，而且公司当时按照销售额的2%对业务员进行提成，即使她讨回这笔债，自己也得不到一分钱。

但她想，欠债还钱，天经地义，不能就这样算了。

七、独立承担，风雨过后的彩虹总是别样的美丽

这家公司的经理姓牛，是位微微发福的中年人，任凭董明珠多次上门，依然爱理不理，自己看报品茶，却连水都不给客人倒一杯。用尽了各种推诿手段后，他干脆对董明珠避而不见。

董明珠则更犟，天天去"堵"，终于有一天把他堵在了办公室。她用几乎失控的声音大叫："你要么还钱，要么退货。否则，从现在开始，你走到哪里我跟到哪里。不信咱们走着瞧！"

牛经理被董明珠的表情吓坏了，慌忙答应退货。第二天，格力的货被一件件装上卡车，董明珠坐进驾驶室，车发动了。

为了这些货，董明珠讨了足足 40 天，其中的艰辛和委屈在心中瞬间汇聚，她忍不住从车窗伸出头，对牛经理大叫："从今往后，再也不和你这种人做生意！"说着，两行热泪夺眶而出。

从此，先款后货，决不赊账，成了董明珠为自己设立的第一条商规。在她手中，再也没有出现过一笔拖欠的应收款。后来这也成为格力电器在业内独树一帜的规矩。

为追这笔债，董明珠在这 40 天里不知受了多少委屈，但她坚强地挺了过来。执着让她完成了使命，坚强最终也改变了她的人生。坚强的女人不惧怕挫折，坚强让女人获得成功，坚强的女性了解自己，相信自己，清楚自己在现实生活中所扮演的角色和潜在能力，以及将来要去承担的角色和要达到的目标。她们不会因挫折而放弃自己的追求，总会想方设法抵达成功的彼岸。

坚强的女人在挫折面前，总是毫不畏惧，她们执着、勇敢，着实令人敬佩。而且一个坚强的女人才能真正的独立起来，进而过上幸福的生活。

女人要为自己负责

女人,要对自己负责,无论在身体上,情感上,经济上,还是精神上。我们的幸与不幸都不能盲目地归属于其他人,无论是父母,丈夫还是孩子。我们自己首先应当是独立的有尊严的个体,这让我们有爱的能力。

人活在世上,可以变换不同的角色,也相应承担着不同的责任。上对国家、社会,下对亲人、朋友、同事,都是如此。不过,切不可忘记我们还有一项根本的责任:要对自己的人生负责。

有一个故事,有个女孩的父亲曾教她如何当一个女人。她被父亲带到高级俱乐部,去看那些女人如何和她的父亲相处。长大后她结婚了,他的另一半很爱她,没有情妇,只有她一个女人。

她学到了什么?她学会了如何打高尔夫、如何品鉴美酒,学会了温柔聆听、适时表达自己的意见,学会了摄影,学会了舞蹈⋯⋯

她学会让自己高贵美丽,她学会经营自己的事业。她不刻意取悦男人,但男人喜欢她。她不是谁的情妇,却叫很多人难忘。

也许你会说,我没有她那样的爸爸,也没有她那样的经济基础。是的,你也许没有这些,但她的生活态度,对自己负责的精神和做法,是可以学习和借鉴的。

在生活中,你会发现,很多女性舍得给别人投资,却不舍得给自己投资。这种场景非常多见:女人可以花时间、花钱陪另一半、陪孩子、陪朋友、陪客户,却不舍得花钱给自己,更舍不得花时间让自己做自己喜欢的事;如果做了,就会觉得太浪费,很对不起别人,甚至内疚。总之,在她的心里或行为里,谁的事情都比自己的事情重要!

长此以往,有一天,你会发现自己特别委屈,自己的时间可以由别人任意安排,自己的安排和打算都要配合他人的节拍。慢慢地,你没有了主动权,你的生活自己说了不算,你的生活中心不是自己,而是他人。

对自己负责的女人不会为了别人委屈自己,为自己负责的女人总是做自己喜欢的事。做自己喜欢的事让女人觉得很充实很快乐;做自己不喜欢的事你做起来就缺乏激情,总感觉是一种心理负担。所以说做自己喜欢的事其实是一种幸福。

每个人都有自己喜欢的事情,可是很多时候,人们其实没有选择的机会,现实生活常常阴差阳错,让我们无从选择。因而,如果你幸运地找到了你喜欢做的事,你就应该勇敢大胆地去做,而不必理会世俗的眼光。正如托尼·霍克所说的那样,"你可能永远都达不到顶峰,但是如果你正在做你喜欢的事,那么与其中蕴藏的快乐相比,财富和名声又算得了什么呢?"所以,努力找到自己喜欢的事并为之奋斗不息,你将会拥有一个快乐充实的人生。

做自己喜欢的事才是幸福的。这样的幸福不用你超越什么,也不是你刻意追求的结果,她是自然而然的,与做事的过程相伴而生。因为喜欢,你会迸发出无穷的活力;因为喜欢,再大的困难你也敢于克服;因为喜欢,你会勇往直前,绝不轻言放弃；因为喜欢，你会永远感觉前面水阔天高，阳光似锦。喜欢让你放飞了自己，喜欢让你尽情地享受自由与快乐。做自己喜欢的事，使我们找到了人生的最高价值，我们能不感觉幸福么？

　　人生是由做事组成，可见幸福肯定是寓于做事之中。因此，享受做事的乐趣就成了我们打开幸福之门的金钥匙。当你善于从生活的细节中寻找幸福时，也许你就会卸去心灵的羁绊，自由而洒脱地对待生活。比如吃饭，你会不再把它作为负担，而是尽情去享受"佳肴"之美；睡觉，你会忘记忧愁和烦恼，睡得安稳，睡得香甜，在清晨的阳光中微笑醒来。

　　生活磨去人的棱角，对女性的改变尤其巨大，为人妻、为人母，一步步耗去她们的精力和心血，从青春美丽变成鹤发童颜，从甜美可爱变成琐碎絮叨，在生活中一点点迷失自己。她们被放在生命的祭坛上，世界因她们而美丽，人类因她们而繁衍不息，除了动听的赞美，徒留下一具被掏空的躯壳。

　　聪明女人不甘心成为生活的牺牲品，她们努力挤出一部分生命给自己，但决不意味着她们不承担责任，不履行义务，不扮好自己的社会角色，她们只是懂得人还应该为自己而活。自己喜欢的事情，就是带着微笑开始，带着微笑结束，身处其中，从不觉得厌倦；自己喜欢的事情，就是再如何艰苦危险，依然满怀期待；自己喜欢的事情，就是明知不能从中得到收益，还依然愿意继续；自己喜欢的事情，就是即使不能因此得到社会地位和名气，还依然无怨无悔；自己喜欢的事情，就是在失去一切之后，还能从里面找到生活下去的勇气。

　　年轻时，每个人都会有自己的梦想，随着岁月流逝，又很容易丢弃它们。聪明的女人却把它们当做自己最珍贵的财富，把自己的时间尽量花在自己真正喜爱的事情上，她们甚至会忘记时光，永远拥有年轻的心态。在琐碎的生活之余，聪明女人会安安静静地读几页书，会心无旁骛地画幅画，会快快乐乐地爬几趟山……不求能得到多大的成就，只是因为那是她心中所爱，属于她的东西，任何人也夺不走。

人生苦短，名利的追求之路是那样的漫长艰辛，女人天生没有那么大的野心，什么权倾天下，什么名垂青史，如同那镜中花，水中月，聪明女人能够想象那背后的寂寞与凄凉，与其花上一生时间去追求一场美丽的幻梦，不如踏踏实实地过好每一天。

智者说：人生好似一个布袋，等扎上口的时候才发现，里面装的都是遗憾，还有许多没来得及做的事。做自己喜欢的事情就是对自己负责。是的，你可以对别人有责任，但你最需要负责的那个人就是你自己。如果你想美丽，就必须有自己的时间，做自己喜欢的事情。下面这个故事会给你启示。

有位国王已近中年但还未娶妻。一天，国王去郊外打猎，来到一个湖边，波光中映着一位仙女般美丽的女子，深深地吸引了国王，他深信这就是自己等了多年的王后人选。

国王问少女是否愿意做他的王后，少女说，只要答应她的一个条件就可以。国王问什么条件，少女说，如果嫁给国王，她每天需要一个小时，一个人回到森林中，任何人不许跟踪她。

国王答应了少女，少女成了王后。光阴似箭，二十年过去了，曾经的少女已经成为几个孩子的母亲，当年英武的国王已慢慢苍老，但王后却依然如少女般美丽迷人。

国王十分纳闷，这世上怎么会有不老的人呢？由于好奇，国王尾随妻子来到森林。他躲在大树后面，看到王后在湖边静静地坐着，看着湖水蓝天草地，深深地吮吸大自然的气息。一个小时以后,她整理好衣服,走出森林,回到王宫。

国王明白了,自己妻子保持年轻美丽的秘诀就是:每天独处,亲近自然。

有人说,心中有爱的女人才美丽。其实,心中有自己的女人更美丽,懂得为自己负责的女人最幸福。

八、自立的女性不会迷失人生的方向

自立的女人勇敢坚强,她们不畏困难,在困境与挑战面前她们总是能保持清醒的头脑。自立的女人目标明确,伟大的志向离不开极强的目标感,所以自立的女人在做事之前先确定人生的方向。自立的女人更明白定位是人生关键的一步,只有定好位,人生才不会迷失。总之,自立的女人最聪明,她们不会让自己迷失人生的方向。

自强照亮人生，自立改变命运

有这么一些人，她们相信命运，凡事听天由命；有的性格懦弱，做事依赖他人；有的没有责任心，不敢承担责任；有的惰性太强而好逸恶劳；有的缺乏理想，混沌度日……。总之，他们总认为自己不行，遇事不敢独当一面，又不敢承担责任，不敢为人之先。一句话，就是不敢看重自己，被一种消极的心态所支配，甘心自我轻贱。这种心态是一个人进步的最大障碍，生存的大敌。古人云："胜人者力，自胜者强。"这的确是亘古不变的真理。

湖南妹子刘璇，5岁走进体操房，8岁进省队，13岁入选国家队。在16年的体操生涯中她至少有两大突破：一是在进入成人年龄段后，搞体操被一般人认为是不可能再出好成绩，面临着退役的窘境中，她不认命不信邪，在困难中奋起，与自我挑战，终于枯木逢春，曙光再现，荣登世界体坛巅峰。二是她是训练局运动员文化学校建校四十年来，第一个坚持读完中专，并荣获毕业文凭的女运动员。是的，刘璇不但在体操专业上是一个出类拔萃的尖子运动员，在文化学业上也是一个顶呱呱的好学生。

在女子体操的四个单项中，刘璇历来平衡木最强，高低杠也可以，就是跳马和自由操比较弱。经过亚运会的集训和比赛，使她的体操技能得到了全面的加强，成为一位全能强手。

刘璇自进入国家队,就被公认为是队里最乖巧、最听话的好女孩。但她却认为听话和乖巧并不等于就是一个好运动员,那时候年龄小,不懂事,也不知道用脑子,只知道教练叫怎么练就怎么练。而要成为一个好的运动员,必须把心志由"要我练"转变为"我要练",自觉严格要求自己,自己要有自己的想法,要有自己的打算和训练重点,要动脑子从训练中找到自己的感觉,会自己纠正动作中的毛病。

自强,在体操队姐妹中,没有一个不佩服刘璇的吃苦精神和顽强拼搏的坚强意志的。十八九的老运动员要取得女子项目的突破,谈何容易?节食控制体重的煎熬且不说,为了增加体能她一次又一次地扛起连男孩们也望而生畏的杠铃,为了练臂力,刘璇常常要单臂长时间地把自己挂在高低杠上,直到支持不住掉下来为止。为了提高动作的高难度,常要引进一些男子体操的惊险动作,训练中从器械上摔下来是家常便饭。至于说到苦不苦累不累,只要看看她的身上青一块紫一块的伤痕和脚腕手臂上时常缠着的绷带,你就不会提出这样的问题了。

其实,苦累对从事体操训练的女孩来说早已不是什么了不起的考验,使她们稚嫩的心灵最感到难以承受的则是每临大赛的巨大压力。刘璇是女队的"老大姐",又是队长,技术也是最拔尖的,领军压阵的任务自然要落在她的肩上。尤其是在团体项目上,队长每一个动作的成功与否,往往对全队的取胜具有决定的意义,必须带头拼搏把动作做好。同时,她还要用自己的爱心去温暖小伙伴因发挥不佳而受伤的心灵,鼓舞大家团结奋斗。

无论压力有千斤重,夺金的道路有多么艰难,刘璇总是面带微笑,奋勇拼搏,带领女队的小姐妹们一次次地顶住压力,出色地完成了比赛任务,使中国体操女队在近年来的亚运会、世锦赛和奥运会等重大国际比赛中，始终高居三甲，令世人不得不为中国女队长的顽强拼搏精神和中流砥柱作用，高高地竖起大拇指。

每个人的命运都在自己手中，每个人都可作出惊世骇俗的业绩，关键就在于敢不敢自己重用自己。谁要总将命运寄托于他人，祈求他人的重用，那结果必将是受人役使和摆布，或者"为他人做嫁衣裳"。

自立是人类完整意义的生存的开始。人类先要能自理，而后在自理中学会自立。通过自理锻炼并学会自立，是人类成长、壮大的基本途径。在自理的基础上才能够自立，而自立的人才能逐渐自强。

自立在本质上是一种精神，它是为社会创造价值的主观能动性。它包含意志、信心和不屈不挠的心理素质，也包含一个人勇敢独立的行为准则，有了这种精神，才可以称为"自立"。自立仅仅是个人的事情吗？对于一个国家，一个民族，其主权的保证和团结，当然体现了自立。然而，青年一代的自立更是这个国家这个民族未来的精神状态的标志。

12年前洪战辉遭遇厄运！父亲疯了，妹妹死了，妈妈和弟弟因承受不了打击相继离家出走。但是，他没有倒下，更没有逃避，他靠自己坚强的毅力，用单薄瘦弱的却坚毅的背撑起了一片天。12年困境的风吹雨打，12年如一日的责任担当，12年从未懈怠的自立自强，他克服着常人难以想象的困难，照顾患病的父亲，抚养没有血缘关系的妹妹，还要完成自己的学业，一个又一个看似不可逾越的鸿沟，他一路挣扎，一路蹒跚前行，却永不言弃。

如果说命运像一匹烈马，它的主人便是每个人自己。那些躲避命运的人，最后会被命运逼到黑暗的角落里，瑟瑟发抖。

而那些勇敢者却与之相反，他们即使历经艰辛，伤痕累累，也誓要驯服生活这匹烈马。而这一过程是那样的漫长，而且充满着艰辛，就像洪战辉在5年之中晕倒16次一样，你会不断摔倒在地，可是，只要你心中有一个的信念，一个坚定的必胜的信念，你都会爬起来！

洪战辉的信念是："我不能倒下！"这是一个男子汉的声音。为了家人，为了自己，他一次次坚定地站了起来！他没有什么丰功伟绩可以宣扬，他甚至没有为社会做过什么贡献，他只是用他的良知和执着在大家心中写下了一个端端正正的"人"字。

想想我们，也许当我们清晨面对着丰盛的早餐的时候，洪战辉早已在打工的小店里干活了；也许当我们被家人像公主王子一样围着的时候，洪战辉却晕倒在黑夜去医院的路上；也许当我们抱怨学习太苦、作业太多、总想着玩的时候，洪战辉正在烈日下、风雨中为筹集自己和毫无血缘关系妹妹的学费而奔波……

自立的洪战辉值得我们大家学习，其实在人的一生中有太多的事情我们不敢去面对，然而总有一天，我们也要走向社会，人生的旅途也会充满艰辛，有很多困难需要我们去面对。我们只有从现在开始学会自立，坚定自己的信念，用我们的行动向世界证明：我们不是温室的花朵，我们是强壮的大树，我们更是未来的栋梁！

女人要自立，就要有自信和独立意识。某种或某些潜在的恐惧，是让人类缺乏自信，陷入自卑，丧失独立的危险因素。循规蹈矩很难独立。越有创造性意识和行为，就越容易独立。墨守成规被许多人认为天经地义，甚至具有某种高尚、光荣的性质；其实大错特错。昔日的真理都有可能过时，甚至成为谬误,更何况人类每个人坚守的人生准则中,或多或少会有些可能一开始就具有某种错误。人类越成功,就越容易自立。一条准则坚持到底,不见得就是正确,要看这条准则是否依然值得遵循。

女人要自立,还应有良好的意志力作必要的后盾。这就要有相应的价值观做意志力的后盾。意志力不是想有就有的,它建立于自己的价值观和欲望之上。欲望越强烈,目标越高远,未来实现目标的道路越明晰,克服困难的意志力就越强,人的自立性就越强。

一个女人不仅要自强,更要自立。自强照亮女人的人生之路,自立改变女人的命运,让女人更加幸福的生活。

有志者,事竟成

有志者事竟成,破釜沉舟,百二秦关终属楚。一个人立了远大的志向还不够,在实现人生志向的路途中,或许有无数次的打击与失败,但是要想成功,就必须坚持到底。放眼当下,创业者无数,而成功者却寥寥无几,这其中缘由,多是不能坚持到最后,甚至是在成功的前一刻却放弃了。

人生有如登山,初始时分的路总是比较顺畅,而在不断行进的过程中,各种各样的艰难险阻会陆续来到你身边,阻碍你的行程,企图使你望而却步,尤其是到了胜利在望、目标在前的时候,你极有可能会更加激动,或者过于急躁,剩下几步路便显得愈发难走了。所谓行一百半九十，如果没有强烈的前进信念支撑着你，最终只能前功尽弃，难以登上成功的巅峰。

一个真正想在社会上有所作为的人，是不会惧怕磨难的。一个人若经历过磨难的洗礼，意志反而会变得更坚强，志向变得更高远。只有经历过磨难，你才会发现它们如同金子一般珍贵。

两个探险者迷失在茫茫的大戈壁滩上，他们因长时间缺水，嘴唇裂开了一道道的血口，如果继续这样下去，两个人只能活活渴死！一个大一些的探险者从同伴手中拿过空水壶，郑重地说："我去找水，你在这里等着我吧！"接着，他又从行囊中拿出一只手枪递给同伴说："这里有六颗子弹，每隔一个小时你就放一枪，这样当我找到水后就不会迷失方向，就可以循着枪声找到你。千万要记住，好吗！"看着同伴点了点头，他才信心十足地蹒跚着离去。

过了半天时间，枪膛里仅仅剩下最后一颗子弹，找水的同伴还没有回来。"他一定被风沙湮没了或者找到水后撇下我一个人走了。"年纪小一些的探险者数着分，数着秒，焦灼地等待着，饥渴和恐惧伴随着绝望如潮水般地充盈了他的脑海，他仿佛嗅到了死亡的味道，感到死神正面目狰狞地向他紧逼过来。最后，他扣动扳机，将最后一粒子弹射进了自己的脑袋。就在他的尸体轰然倒下的时候，同伴带着满满的两大壶水赶到了他的身边，可这再也唤不醒倒下的同伴了。

故事中年纪小的探险者是不幸的，因为他放弃了坚持，同时放弃了自己宝贵的生命。很多时候，在我们人生的道路上，面对困难和挫折，我们能够咬着牙坚持着熬过最漫长最艰难的时刻，可是当成功将要伸手与我们相握的时候，却因为我们最终的放弃，而与之擦肩而过了。其实，只要咬紧了牙关，再坚持一下,死神也会害怕地躲得远远的。

困难的时刻,绝望的时刻,千万别轻言放弃,再坚持一下,因为就连死神也最害怕听到咬紧牙关的咯咯声。

失败并不可怕,可怕的是没有正视失败、再来一次的勇气,也许下一次的尝试就蕴含着成功。有志者,事竟成。只要你还在坚持,就没有人可以断言你不会成功。罗纳德·皮尔曾经给别人讲过自己的亲身经历:

每当我失意时,我母亲就这样说:"最好的总会到来,如果你坚持下去,总有一天你会交上好运。并且你会认识到,要是没有从前的失望,那是不会发生的。"

母亲是对的,当我于1932年大学毕业后,我发现了这点。我当时决定试试在电台找份工作,然后,再设法去做一名体育播音员。我搭便车去了芝加哥,敲开了每一家电台的门——但每次都碰了一鼻子灰。在一个播音室里,一位很和气的女士告诉我,大电台是不会冒险雇用一名毫无经验的新手的。"再去试试,找家小电台,那里可能会有机会。"她说。我又搭便车回到了伊利诺斯州的迪克逊。虽然迪克逊没有电台,但我父亲说,蒙哥马利·沃德公司开了一家商店,需要一名当地的运动员去经营他的体育专柜。由于我在迪克逊中学打过橄榄球,于是我提出了申请。那工作听起来正适合我,但我没能如愿。

我失望的心情一定是一看便知。"最好的总会到来。"母亲提醒我说。父亲借车给我,于是我驾车行驶了70英里来到爱荷华州达文波特的WOC电台。节目部主任是位很不错的苏格兰人,名叫彼特·麦克阿瑟,他告诉我说他们已经雇用了一名播音员。当我离开他的办公室时,受挫的郁闷心情一下子发作了。我大声地问道:"要是不能在电台工作,我又怎么能当上一名体育播音员呢?"

我正在那里等电梯,突然我听到了麦克阿瑟的叫声:"你刚才说体育什么来着?你懂橄榄球吗?"

接着他让我站在一架麦克风前,叫我凭想象播一场比赛。前一年秋天,我所在的那个队在最后20秒时以一个65码的猛击中击败了对手。在那场比赛中,我打了15分钟。回想当时的情形,我激动地描述着每一个场景。之后,彼特告诉我,我将主播星期六的一场比赛。

人在一生中会经历大大小小的磨难。磨难有如人生道路上的筛子,它让强者通过,它把弱者截留。安身立命,必须修养和铸造自己不怕困难、知难而进的品格。要想在困难面前成为强者,就要具有蔑视困难、进击困难的挑战性,越是困难越向前,要相信:有志者,事竟成。

失败者的悲剧,往往就在于被前进道路上的迷雾遮住了眼睛,他们不懂得坚持一下,不懂得再朝前跨越一步,前方的道路就会豁然宽广,希望的灯标又会在前方熠熠闪烁。他们在最需要下大力气、毫不懈怠花费精力的那一刻,却停止了努力。结果,他们在距离成功之前的那一刻,颓然倒下了。其实,这是自己打败了自己,因而也就失去了应有的荣誉。

决不放弃,勇敢坚持,它来自于人的毅力。毅力是人类最可贵的财富,在走向成功的路上,没有任何东西能代替毅力。我们常常发现有许多人在做事之初都能保持旺盛的斗志,然而,往往到最后那一刻,顽强者能咬紧牙关坚持到胜利,而懈怠者在这时放弃了希望,失去了自己应有的成功。

不因一时的挫折停止尝试的人,永远不会失败。逆境中能找到顺境中所没有的机会。处于逆境,陷于困苦时,你更要学会坚持,不要气馁和轻易放弃,很多时候只需要我们再多坚持一下。

这个社会纷繁复杂，谁在困境中能够坚持，能够坚持到最后一秒，谁就有希望成为一名成功者。一个聪明的人，不管他是否在大学里遥遥领先，更不管他是否比身边的其他同龄人更引人瞩目，如果他缺少顽强不屈的精神，那么他永远不会成功。许多人本来有足够的天赋可以成为著名的音乐家、画家、科学家，但如果缺少执着，就不会如人们所预期的那样取得成功。

在学习与工作中，以及在很多情况下都需要再坚持一下。可以说，一个不能坚持的人，在人际交往中，难以得到对方的信任，在做事情时，往往容易半途而废。而那些善于坚持的人，能够平定内心的焦躁不安，凭着坚强的意志战胜外来的打击，这种人具备了事业成功的重要因素，最终必将取得一个又一个的成功。一个创造过奇迹的人，之所以能够创造奇迹，是因为他比别人多坚持了一下。

坚持往往能够使人变得冷静，变得理智。坚持还能增强一个人的自信，让一个人在遇到不如意的事情时，能够自信、自勉，能够忍受磨难，能够承受失败，甚至是痛苦。一个聪明的女人只有坚定必胜的信念，相信有志者，事竟成。在忍耐中积蓄成功的力量，在忍耐中求得生存和发展，在忍耐中等待机遇的来临，一举抓住机会并果断行动，直至取得成功。

伟大志向离不开极强的目标感

人生的真正欢乐是致力于一个自己认为是伟大的目标。志不立，天下无可成之事。虽百工技艺，未有不本于志者。有目标的人，犹如加足了马力的汽车，能够勇往直前；没有目标的人，犹如水上的浮萍，东飘西荡，不知何去何从。

生活中有很多人曾经有伟大的志向，但并不是每个人都能实现它，究其原因就是有无极强的目标感。

目标如空气，是生命不可或缺的补给。没有目标的人生不能成功，如同没有空气的人无法存活一样。只要确立了奋斗目标，你就能得到许多好处。如果你渴望成功，那就先给自己定一个明确的目标，拥有目标，不断地朝目标努力，这是成功的必经之路。

法国著名人文主义作家蒙田说过："灵魂如果没有确定的目标，它就会丧失自己！"此话言简意赅，明白之至。一个人如果没有目标，那他的生活就没有方向，没有重心，就缺乏朝气。为自己建立一个正确的目标，朝这个目标去努力追求，那他的生活就会充实而又有意义。

有一年，一群意气风发的骄子从美国哈佛大学毕业，他们的智力、学历等条件都相差无几。在临出发时，哈佛对他们进行了一次关于人生目标的调查。结果是这样的：

27%的人，没有目标；

60%的人,目标模糊;

10%的人,有清晰但比较短的目标;

3%的人,有清晰而长远的目标。

25年后,哈佛再次对这群学生进行了跟踪调查。结果又是这样的:

3%的人,25年间朝着一个方向不懈努力,几乎都成为社会各界的成功人士,其中不乏行业领袖、社会精英;

10%的人,他们的短期目标不断地实现,成为各个领域中的专业人士,大都生活在社会的中上层;

60%的人,他们安稳地生活与工作,但都没有什么特别成绩,几乎都生活在社会的中下层;

剩下27%的人,他们的生活没有目标,过得很不如意,并且常常在抱怨他人、抱怨社会、抱怨这个"不肯给他们机会"的世界。

人们对成功的理解,往往只是对结果的认知与把握。而事实上,任何意义上的成功都是点滴的累积,都是丰富的过程内容的积淀与凝聚。诸如财富的积累、学业的成就、卓越企业的经营,无一不是如此。然而,引领成功的却是目标。正如一首乐曲的音调决定于起首音。而对于成功来说,起首音就是目标,就是对目标的规划。

一次,有一个走钢丝跨越峡谷的杂技演员在谈到她走钢丝的感想时说:"当一个人走钢丝时,她并不是在钢丝上僵硬不动。虽然她基本上能保持直立的姿势,但为了保持运动中的整体平衡,她的身体总是轻轻地摆动和弯曲。但是有一点是不变的,她的脚只朝着一个方向移动,向着眼睛盯准的目标——钢丝的另一头前进。"

其实,人生有时候就像是走钢丝,不管你有怎样高超的技艺,你都要有自己的目标,并坚持自己的目标。无论遇到多大的困难和干扰,始终把目光盯在目标上,我们就不会与成功错过。

韩国前总统金泳三在少年时代,虽然他的家庭生活还算比较充裕,但在他家附近没有学校,因此他的求学历程非常艰苦。从他 6 岁开始便每天都得翻过两座小山,到 2 公里以外的学校去读书。升入初中之后,他又要到离家更远的学校去就读。在校就读期间,他不怕路途遥远,不顾山路崎岖,这磨炼了他吃苦耐劳的坚强意志。进入中学后,他更加刻苦用功,以期获得更多的知识。在读高中时,金泳三就梦想自己成为韩国总统,这位志向远大的青年人在与他的同学畅谈未来的志向时,挥笔写出了"金泳三——未来的总统"的大条幅,并把它贴在宿舍的墙壁上。正是这个美好的梦想,驱使他在日后的征途中百折不挠、坚贞不屈,从而成就了他的人生大业。

纵观历史上的那些成功者,他们无一不是对自己的未来预想得一清二楚。他们有目标也有行动,他们知道自己所要的是什么,也知道在哪里可以得到它。他们确立目标,同时又决定通往那个目标必须要走的路。这就与自动诱导鱼雷系统或自动操纵装置系统相类似。当它们一旦确立了目标,自动推进系统就自动跟踪目标地区的反馈信号,随时调整和修正航海诱导计算机设定的路线,决定击中目标前一切必要的即时行动。如果计算机的软件不完备,目标不固定,监视雷达的覆盖范围与射程的最大距离不一致,那么纵使配有再先进的自动诱导装置或推进系统的鱼雷都可能会出现故障,它们只能在茫然中前行,甚至最终自行毁坏。

爱迪生是世界上最著名的科学家、发明家,他的全部发明多得叫人简直难以置信。1928 年,美国国会颁发给他一枚金质奖章，预计他的发明对人类的贡献值约 56 亿美元。当然，这些发明对我们今天生活的价值简直无从估计。但或许你不曾知道，爱迪生的全部在校教育总共才只有三个月的时间。在校期间，爱迪生也并不是老师眼中的好孩子，他的老师甚至说他只是一个会做白日梦的少年罢了，甚至还曾经断言他的一生将绝不会有什么大的成就。然而，爱迪生成功了，他成功的秘密到底在哪里呢？

这其中的奥秘之一就是，他具有设定目标的能力和追求目标的热情。每当爱迪生的科研选题确定之后，他便会竭尽全力去阅读和计划相关的书籍，等他的书读得差不多了，接下来他便在实验室里不分昼夜地工作。他每天都在清晨 8 点钟进入实验室，不到次日凌晨两三点钟不肯罢手。他从事过数以万计的实验工作，承受着不可避免的失败压力，但他每次都是勇往直前，不达目的绝不罢休。

爱迪生之所以如此伟大，这大概就是因为他拥有明确的目标，并且对之倾注自己全部的热情，再加上丰富的想象和智慧，使他成为人类历史上最伟大的发明家之一。

松下电器的创始人、经营之神松下幸之助说过："人生如果没有目标，就无法得到充实，就不能前进或发展。"他之所以能打败竞争对手，拓展事业，让自己的品牌响遍千家万户，完全是因为他能够很好地规划自己的人生使命，通过实现目标来推动自己的发展。所以，目标就是前方鲜明的旗帜，指引着成功人士向前奋进，成为人生成功的第一推动力。

凡成功者，必有坚定而明确的目标。他们以身为箭，以心为弦，将自己射向成功的目标。目标使人把握前进的方向，增强进取心；目标激励人勇敢面对困难，在竞争中永不气馁；目标促使人行动起来，把思想变成行动，创造伟大的奇迹。

女人们，我们不仅要有伟大的志向，更要有极强的目标感。

自立的女人要先确定人生的方向

富兰克林说："明确的目标，清清楚楚地形成在自己的头脑里，是对自我实行系统管理的关键性一步。"在现实社会中，女性要想在男性的天下中争得一席之地，及早确立自己的人生目标尤为重要。有了明确的目标，才会有清晰的方向，才知道在哪使劲，以便取得预期的成功，获得好命运。

相信许多人看过这样一则报道：

300条鲸鱼突然死亡。这些鲸鱼在追逐沙丁鱼时，不知不觉被困在了一个海湾里。弗里德里克·布朗·哈里斯这样说："这些小鱼把海上巨人引向死亡，鲸鱼因为追逐小利而暴死、为了微不足道的目标而空耗了自己的巨大力量。"

没有目标的人，就像这些鲸鱼，他们有巨大的力量与潜能，但他们把精力放在小事情上，而小事情使他们忘记了自己本应做什么。说得明白一点，要发挥潜力，你必须全神贯注于自己有优势并且会有高回报的方面。目标能助你集中精力，另外，当你不停地在自己有优势的方面努力时，这些优势会进一步发展。最终，在达到目标时，你自己成为什么样的人比你得到什么东西重要得多。你制定的目标在两个方面对你起作用，它是你努力的依据，也是对你的鞭策。目标给了你一个看得着的射击靶。随着你努力实现这些目标，你就会有成就感。对许多人来说，制定和实现目标就像一场比赛，随着时间推移，你实现一个又一个目标，这时你的思维方式和工作方式也会渐渐改变。但是，你要记住，你的目标必须是具体的，可以实现的。如果计划不具体，那会降低你的积极性。

为什么？因为向目标迈进是动力的源泉，如果你无法知道自己向目标前进了多少，你就会泄气，甩手不干了。

1952年7月4日清晨，加利福尼亚海岸笼罩在浓雾中。在海岸以西21英里的卡塔林纳岛上，一个34岁的女人涉水下到太平洋中，开始向加州海岸游过去。要是成功了，她就是第一个游过这个海峡的妇女，这名妇女叫费罗丝·查德威克。在此之前，她是从英法两边海岸游过英吉利海峡的第一位妇女。

那天早晨，海水冻得她身体发麻，雾很大，她连护送她的船几乎都看不到。时间一个钟头一个钟头过去，千千万万人在电视上看着。有几次，鲨鱼靠近了她，被人开枪吓跑，她仍然在游。在以往这类渡海游泳中她的最大问题不是疲劳，而是刺骨的水温。

15个钟头之后，她又累又冷。她知道自己不能再游了，就叫人拉她上船。她的母亲和教练在另一条船上。他们都告诉她海岸很近了，叫她不要放弃，但她朝加州海岸望去，除了浓雾什么也看不到。

几十分钟之后也就是从她出发算起15个钟头零55分钟之后，人们把她拉上船。过了几个钟头，她渐渐觉得暖和多了，这时却开始感到失败的打击，她不假思索地对记者说："说实在的，我不是为自己找借口，如果当时我看见陆地，也许我能坚持下来。"

实际上，人们拉她上船的地点，离她要到达的终点只有半英里。后来她说,令她半途而废的不是疲劳,不是寒冷,而是因为她在浓雾中看不到目标。查德威克小姐一生中就只有这一次没有坚持到底。2个月之后,她成功地游过同一个海峡。她不但是第一位游过卡塔林纳海峡的女性,而且比男子的纪录还快了大约两个钟头。

这个故事说明了虽然你是某一方面的能手,但也需要看见目标,才能鼓足干劲完成有能力完成的任务。当你规划自己的职业生涯时千万别低估了制定可测目标的重要性。

聪明的女人,最初要画出路线来,照着路线从她现在的地位达到她想得到的地位。她在中途树立许多小目标。对于最近的目标积极地付出努力,因为这可以在比较短的时间内实现。她达到这个小目标的时候,觉得有了进步,便感到很高兴,然后休息一会,又鼓起劲来、树起第二个目标,向着那里前进。

最后的大目标距离很远,恐怕只能隐约看见。最高的目标当然是模糊的,因为比起低的目标要远得多。人生好像是爬山一样,你最先必须有一种达到山顶的强烈欲望。但是如果你只是满足于你现在站在山谷中,你还是不会到达山顶的。如果你只是悠闲地望着山顶,或是想象着你已经到了那里,那你也绝不能达到山顶的。你必须鼓起劲来,努力工作。

目标是构筑成大事的砖石,目标使我们产生积极性,使我们看清使命,目标有助于我们安排轻重缓急,目标引导我们发挥潜能,有助于评估进展。目标使我们有能力把握现在,使我们未雨绸缪。因此成大事者要养成在开始之初就制定目标的习惯。

目标的设定与清晰程度,最能直接影响女人的成败。有魅力的女人具有正确的、可行的人生目标。她知道自己今天要做什么,明天会到达哪。她心里永远的梦以及执着的追求所赋予她的魅力，远比姣好的外表美持久、更有吸引力。

确定人生最佳目标的方法是：先写出自己心中曾想过的目标，再写出自己的优点、价值观、心理素质类型及健康状况、家庭及社会情况、自己心中所希望成为的成功类型，最后将自己的目标逐一对照，便能筛选出最佳的人生目标。

无论目前的你是否有工作，都请尽量抽出时间到职业交流中心看看，收集相关信息资料，同时多与朋友联系，多关心了解社会资讯，才能找到不盲目、适情适性的最佳目标。

有些领域很专精且冷门，若此领域正好是你的专长或兴趣所在，就应当全力突破并持之以恒，便可于无人之处见奇观，成就自己的事业。

为什么有的女性可谓天资聪慧，事业却不见起色，甚至一塌糊涂、一再失败？其原因也许就是生活中的浓雾让她没有看清她目标，稍微有一点方向感后，就很快又被浓雾遮蔽得越来越模糊，使目标变得脆弱，甚至丧失了个人继续奋进的目标，这幅画面可能就是她们的写照：

一位柔弱的小姑娘刚走出校园，步入社会，为了生活而工作。几年过后，她站稳了脚跟，而且有了点小成就。现在她对工作又有了新的想法和追求，例如舒适和地位，即有车有房、职场提升等。

然后又过了好几年，她仍在继续工作，但是这个时候她已经忘了她为什么工作了。每天在同一个时间来上班，打同样的电话，写同样的文件，而且阅读同样的商业刊物。我们若问年龄稍大的她为什么要做这些事？答复却是一副怪异的表情或是一阵尴尬的笑声。事实上在她心里惟一的目标就是等退休，除此之外什么目标也没了。她认为每天机械性的工作只是一种无奈。多可悲呀！

人生就是这样，虽然短暂，但有的人可以掌握自己的命运，有的人却成了命运的俘虏。其实成败得失之间的区别，是取决于自己是否找到了自己的定位，是否确立了自己人生的目标。人生目标确立得越早，成功的几率就越大。对人生，对已有工作的女性来说，最忌讳的事便是得过且过，如今的社会是竞争的时代，若你不进取学习就会退步。而聪明自立的女人懂得在做事情前先确定方向，然后才开始不断地努力。这样女人的人生最终会达到理想的高度。

定好位，才不会迷失

定位，通俗地讲就是寻找一个适合的位置。一个人要想不迷失人生的方向，活得稀里糊涂、浑浑噩噩，就要学会先给自己定好位——想做什么、能做什么、怎样去做。人不能总是走到哪儿算哪儿，懂得定位，就可以学会以理性的态度追求更好的生存状态，这样，才能把命运的主动权握在自己手中，可以说定位是成功人生的第一因素。

有一位大学毕业生，她所从事的工作令人感到十分惊讶，她在一家菜市场卖猪肉。当年她从学校毕业后去当兵，当兵退伍后又一时找不到工作，便经人介绍到菜市场卖猪肉，赚点零用钱。没想到一干就是几个月，由于已经习惯了那种工作和周围的环境，也就没有积极去找别的工作，于是10多年以来，她一直干着这一工作，年近40，她更不想换工作了。她说：

"换工作,谁会要我呢?我有什么专长可以让人用我?"于是她只好继续在菜市场卖猪肉。

从上面这个例子可以看出,一个人走上社会的第一次择业是十分重要的。一种客观环境会影响你的一辈子。也许你可以说,当我在某一个行当干得不愿干了,再换个行当不就解决了吗?也许你可以做到,而绝大部分人是做不到的,因为一个人在某一行当工作久了,时间一长可能就习惯了,加上年纪一大,家庭负担加重,便会失去转行时面对新行业的勇气。因为转行就得从头学习,重新开始,同时又怕影响自己和家庭的生活。另外,有些人心志磨损,只好做一天算一天。有时还会扯上人情的牵绊、恩怨的纠葛,种种复杂的原因,让你感到真是:"人在江湖,身不由己!"

这世界上的路有千条万条,但最难找到的就是适合自己走的那条道。

大千世界,人与人之间差别很小,成就却有天壤之别:有的人谈笑之间功成名就,事业顺风顺水;有的人则始终在原地打转,人生的各个方面都难有突破。这其中的重要原因就在于自己的定位在哪。

李斯出生于战国末期,是楚国上蔡(今河南省上蔡县西)人,少年时家境不太宽裕,年轻时曾经做过掌管文书的小官。至于他的性格为人,司马迁在《史记·李斯列传》中插叙了一件小事,极能够形象地说明。据说,在李斯当小官时,有一次到厕所里方便,看到老鼠偷粪便吃,人和狗一来,老鼠就慌忙逃走了。过了不久,他在国家的粮仓里又看到了一群老鼠,这些老鼠整日大摇大摆地吃粮食,长得肥肥胖胖,而且安安稳稳,不用担惊受怕。他两相比较,十分感慨地说:"人之贤与不肖,譬如鼠矣,在所自处耳!"意思是说,人有能与无能,就好像老鼠一样，全靠自己想办法，有能耐就能做官仓里的老鼠，无能就只能做厕所里的老鼠。

为了不做"厕所里的老鼠"，为了求得荣华富贵，他辞去了小吏职务，前往齐国，去拜当时著名的儒学大师荀子为师。荀子虽是继承了孔子的儒学，也打着孔子的旗号讲学，但他对儒学进行了较大的改造，较少宣扬传统儒学的"仁政"主张，多了些"法治"的思想，这很适合李斯的胃口。李斯十分勤奋，同荀子一起研究"帝王之术"，即怎样治理国家、怎样当官的学问，学成之后，他便辞别荀子，到秦国去了。

荀子问他为什么要到秦国去，李斯回答说：人生在世，贫贱是最大的耻辱，穷困是最大的悲哀，要想出人头地，就必须干出一番事业来。齐王萎靡不振，楚国也无所作为，只有秦王正雄心勃勃，准备兼并齐、楚，统一天下，因此，那里是寻找机会、成就事业的好地方。如果尚在齐、楚，不久即成亡国之民，能有什么前途呢？所以，我要到秦国去寻找适合我个人的机会。

荀子同意李斯前往秦国入仕，但他告诫李斯要注意节制，在成功之际想想"物忌太盛"的话，不要一味地往前走，必要的时候要给自己留条后路。

李斯来到秦国，投到极受太后倚重的丞相吕不韦的门下，很快就以自己的才干得到了吕不韦的器重，当上了小官。官虽不大，但有接近秦王的机会，仅此一点，就足够了。处在李斯的位置，既不能以军功而显，亦不能以理政见长，他深深地知道，要想崭露头角，引起秦王的注意，唯一的方法就是上书。他在揣摸了秦王的心理、分析了当时的形势后，毅然给秦王上书说：凡是能干成事业的人，全是能够把握机遇的人。过去秦穆公时代国势很盛，但总是无法统一中国，其原因有二：一是当时周天子势力还强，威望还在，不易推翻；二是当时诸侯国力量还较强大，与秦国相比，差距尚未拉开。不过从秦孝公以后，周天子的力量急剧衰落，各诸侯间战争不断，秦国已经趁机强大起来了。现在国势强盛，大王贤德，扫平六国真是如掸灰尘，现在正是建立帝业、统一天下的绝好时机，大王千万不可错过了。

这些话既符合秦国及各诸侯国的实际情况，又迎合了秦王的心理，所以赢得了秦王的赏识，被提拔为长史。接着，李斯不仅在大政方针上为秦王出谋划策，还在具体方案上提出意见，他劝秦王拿出财物，重贿六国君臣，使他们离心离德，不能合力抗秦，以便各个击破。这一谋略卓有成效，李斯因而被秦王封为客卿。李斯在秦国开始崛起了，后来终于做到丞相的高位。

李斯受茅厕和粮仓里老鼠的不同际遇的启发，确定了自己的人生方向，那就是，要做"粮仓里的那只老鼠"，要寻找自己的最佳位置。李斯是个有志气的人，对自己高标要求，高点定位。

每一个人都应该努力根据自己的特长来设计自己，量力而行。根据自己的环境、条件、才能、素质、兴趣等，确定进攻方向。不要埋怨环境与条件，应努力寻找有利条件。不能坐等机会，要自己创造条件。拿出成果来，获得了社会的承认，事情就会好办一些。学理科的人不仅要善于观察世界，善于观察事物，也要善于观察自己，了解自己。每个人都应该尽力找到自己的最佳位置，找准属于自己的人生跑道。

很多功成名就的人，首先得益于他们充分了解自己的长处，根据自己的特长来进行定位或重新定位。如果不充分了解自己的长处，只凭自己一时的兴趣和想法，那么定位就很不准确，有很大的盲目性。

歌德一度没能充分了解自己的长处，树立了当画家的错误志向，害得他浪费了20多年的光阴，为此他非常后悔。美国女影星霍利·亨特一度竭力避免被定位为短小精悍的女人，结果走了一段弯路。后来幸亏经纪人的引导，她重新根据自己身材娇小、个性鲜明、演技极富弹性的特点进行了正确的定位，出演《钢琴课》等影片，一举夺得戛纳电影节的"金棕榈"奖和奥斯卡大奖。

一个人，尤其是一个女人要想有所建树，有所成就，就要敢于给自己高点定位。要敢于重用自己，敢于承担责任，勇于独当一面，敢为人先，有战胜一切艰难险阻的决心，敢于排除前进道路上的一切障碍。心中只有一种信念：别人能做的，你也能做到；别人做不到的，你还能做到。总之，人生需要自我定位，定位的高低决定你人生的高度。

女人要有自己的人生目标

对一个女人而言，如果想要活得潇洒，要想拥有幸福的生活，要想获得成功，那就不能浑浑噩噩地过日子，得保持清醒的头脑，要有自己的目标，这样才不至于在人生的路道上迷失自己的方向。

女人的目标是什么？事业还是家庭？很多人都会说是家庭，她们说家庭才是女人的真正幸福和归宿。君不见王菲放弃了如日中天的事业去相夫教子，还表现出了从来没有的幸福感？也有人说是事业，她们的理由是相夫教子固然是女人的本分，但是新时代有一份属于自己的事业也同样重要。君不见那些曾经因为厌倦奔波的女明星在回家洗衣做饭之后不久，又重出江湖？

总之，只要你不想做那无根的浮萍，任凭雨打风吹，你就得有自己的目标。它可以大可以小，可以崇高也可以平凡，不管你的目标是什么，但就是不能没有。而且，我们还得为自己的目标矢志不渝地努力。尤其在职场之上，有许多领域是还未被女性开垦的原始森林，我们只有坚定目标，才能冲破阻碍，踏进迷宫般的原始森林。

学旅游管理专业的卫帆，大学毕业之后进入了一家公司做助理，平淡而乏味的日子一直让卫帆为之烦恼。可是因为所学专业限制，即使跳槽也很难找到一份令自己满意的工作。卫帆有几个做IT的朋友，在与他们的接触中，卫帆发现，虽然他们工作得非常辛苦，但是每一天都过得非常充实，而且薪水也颇高。于是，她决定选择一家计算机学校，学习编程。

身边的很多朋友都觉得她疯了，纷纷劝她：IT行业是男人的天地，而且你还是半路出家，跟那些科班出身的人是没法比的。

但是，她十分有个性地回敬一句："男人是人，女人也是人。凭什么他们能成，我就不成？"

虽然话说得容易，但真正学起来却是十分辛苦的。

为了能够学好编程，卫帆选了一家非常知名的计算机学校，辞去了专职工作，开始找一些不影响学习的兼职工作。

艰难的学习生涯，卫帆终于咬牙挺了过去，但是走出学校的卫帆将面临自己的第二次择业。

虽然她拥有良好的技术,但是没有相关专业的学历证书,这给她带来了不少麻烦。但是她明白此时既不能退缩,也不能退而求其次,因为计算机技术更新非常快,如果自己这两年的所学,不能及时应用到工作之中,那这些知识将很快变为"垃圾",自己的努力和辛苦也将付诸东流。

正处于苦闷之中的卫帆,接到了一个面试电话。这个电话犹如卫帆的救命稻草,让她有点欣喜若狂,但对方接下来的话,又把她打入了"冷宫"。

"你就是卫帆?我看名字还以为是个男生呢?唉,既然是个女生,我们不打算招了。"

卫帆听了很气愤,但是如果失去这次机会,不知道什么时候才能碰上。她压住怒气,急忙说:"请先别挂电话,我虽然是个女生,但是这份工作是论能力的,而不是分男女的,我想我有能力胜任这份工作,你们不应该因为我是女生,就连展示的机会都不给我。我希望你们能够看一下我制作的案例,再来评判我行与不行。"

对方大概被她诚恳而坚定的语气所打动,让她一周后带自己的案例去面试。两周后,卫帆顺利地得到了这份工作。

在当今社会,大多数工作是不分性别的,只要你能力卓越,无论是男是女,都会有一个适合你的职位在等着你。而只有你无论在顺境中,还是逆境中,始终把握自己选定的目标,坚定不移地走下去,才能抓住属于你的机会。

可是,在职场上,很多女性总是害怕前途渺茫,放弃自身求生的努力,丧失了自救的机会,或是退而求其次,在不断的游移之中,消耗掉了本身的雄心壮志。虽然跟随着别人走出了原始森林的迷宫,却失去了探险的勇气,安于琐碎而烦闷的生活。

我们为之奋斗的目标就是一个梦想，如果失去它，那我们将会变为无根的浮萍，只能随着风吹雨打四处游移，失去自己的方向。我们的做人准则也会不断地变化，失去自己的判断能力，我们的事业将会变得一团糟。

那么，为了实现我们的目标，我们应当做些什么呢？

1. 女人要有梦想

年轻的时候，每个人心中都曾拥有许多梦想，它们就如一个个美丽的童话故事。我们要相信我们的梦想会实现，因为我们就是这个童话故事的主人，我们就是这个童话故事的作者，我们决定了故事的结局。

2. 计划是目标实现的基础

一个可以实现的目标，一定有可以到达的阶梯，你得去把阶梯找出来才行。

如果你只是希望嫁个好老公、拥有一个美满的家庭，你就要开始去正式的场合、很好的环境里结交异性，并在这之前，先提升自己的价值，以吸引他们。

如果你希望在事业上有所建树，你得先了解自己最大的专长和兴趣，并找到相应的行业去应聘，哪怕遭遇挫折都要坚持做下去。

如果你只想自由自在过日子，那也行，但要保证最起码的生活条件。如果你想去浪迹天涯，那么，也得在途中打工或先存一笔钱。

如果你想出国深造，那么别犹豫，抓紧时间学习，并准备托福考试。

这些都是你能立即着手去做的事情，虽然离你的目标还有一段距离，但是只要有计划，有正确的方向，就总会有实现的一天。

3. 实践是最关键的一步

实现目标光有梦想、有计划还不够，它还得与实践相结合。我们都知道，脱离实践的目标，永远只能是虚幻的空中楼阁。

实践是世界和万物的创造者。没有实践，就没有我们生活在其中的现实世界；没有实践，就无法从实践中得到生存和发展的经验和教训。所以说，要实现我们的目标，实践是必经的也是最重要的道路。

身为女人，一定要有自己的人生目标。女人在追求目标的过程中，其实就是一个自我独立的过程。